Urs Hess
Der Architekten- und Ingenieurvertrag

Urs Hess
Dr. iur., Rechtsanwalt und Notar

Der Architekten- und Ingenieurvertrag

**Kommentar zu den rechtlichen Bestimmungen
der Ordnungen SIA 102, 103 und 108
für Leistungen und Honorare der Architekten
und Ingenieure**

**Baufachverlag Zürich
Dietikon**

ISBN 3 85565 221 X

© 1986 by Baufachverlag AG Zürich
Geschäftsstelle 8953 Dietikon

Nachdrucke, fotografische und andere Vervielfältigungen,
Mikrofilme, Übersetzungen sind, auch auszugsweise,
verboten.

Satz und Druck: Buchdruckerei a/d Sihl AG, Zürich

Printed in Switzerland

Inhaltsverzeichnis

Allgemeiner Teil

Spezieller Teil

Vorwort

Der Architekten- und der Ingenieurvertrag sind wirtschaftlich sehr wichtige und bedeutsame Vertragstypen. Um so schwerer wiegt die Tatsache, dass ihre Rechtsnatur umstritten ist, was in der schwankenden Gerichtspraxis der vergangenen Jahre zum Ausdruck gekommen ist. Die beteiligten Parteien – Bauherren einerseits, Architekten und Ingenieure andererseits – sind verunsichert. Diese Rechtsunsicherheit ist von grossem Nachteil, denn die Zuordnung der Architekten- und Ingenieurverträge zum einen oder anderen Vertragstyp (Auftrag oder Werkvertrag) ist nicht bloss eine dogmatische Spielerei; sie hat erhebliche wirtschaftliche Konsequenzen. Es lohnt sich daher, sich mit den rechtlichen Aspekten dieser Verträge auseinanderzusetzen.

Mit seinen Ordnungen für Leistungen und Honorare der Architekten und Ingenieure (LHO 102, 103 und 108), welche 1984 neu herausgekommen sind, stellt der Schweizerische Ingenieur- und Architekten-Verein (SIA) den Parteien ein nützliches Instrumentarium zum Abschluss von Architekten- und Ingenieurverträgen zur Verfügung. Mit diesen neuen LHO sind die altbekannten SIA-Honorarordnungen aus dem Jahre 1969 abgelöst worden. Diese Ordnungen enthalten einerseits rechtliche Bestimmungen und andererseits mehr fachtechnische Aussagen und Angaben, welche im Sinne vorformulierter Vertragsbedingungen Grundlage eines konkreten Architekten- oder Ingenieurvertrages sein können. Mit den rechtlichen Aspekten dieser LHO soll sich diese Arbeit befassen.

In einem ersten, allgemeinen Teil werden einige Grundsätze skizziert und erläutert. Im zweiten, speziellen Teil wird dann auf die einzelnen Regelungen des Art. 1 LHO 102, 103 und 108 eingetreten, der bei allen drei Ordnungen identisch ist. Auf die nachfolgenden Bestimmungen der Art. 2 ff. LHO, welche für jede Ordnung gesondert abgefasst sind, wird nur vereinzelt Bezug genommen.

Das Buch ist für den Praktiker (Bauherr, Architekt, Ingenieur usw.) bestimmt. Ich habe daher eine einfache, knappe Sprache gesucht und auch bewusst auf umfangreiche Zitate von Literatur und Judikatur verzichtet. Trotzdem habe ich mich um Objektivität bemüht und versucht, meine Argumentation mit einigen Schlüsselstellen zu belegen.

Die Idee zu diesem Buch entstand, als ich mit der SIA-Sektion Waldstätte und dem FSAI Schweiz zusammen an den verschiedenen Vernehmlassungen bei der Vorbereitung der LHO mitwirken durfte. Der Entschluss ist dann unter dem wohlwollenden Druck der ASIC und des FSAI gereift. Der SIA hat meine Arbeit dadurch unterstützt, dass er mir das notwendige Material zur Verfügung stellte. Für diese Anregungen und Unterstützungen danke ich bestens. Besonders danke ich aber meiner Frau Marianne, die nicht nur viel Geduld aufbringen musste, sondern auch das ganze Manuskript geschrieben hat. Ohne ihre Hilfe hätte ich das Projekt nicht realisieren können.

Luzern, im Mai 1986   *U. H.*

10

Literaturverzeichnis

Becker, Berner Kommentar zum Schweiz. Zivilgesetzbuch, Bd. VI, 1. und 2. Abt., Bern 1941 und 1934 (Art. 1–551 OR)

von Büren, Schweizerisches Obligationenrecht, Allgemeiner und Besonderer Teil, Zürich 1964 und 1972

Gauch, Der Werkvertrag, Zürich 1985 (3. Auflage)

Gautschi, Berner Kommentar zum schweizerischen Privatrecht, Bd. VI, 2. Abt., 3. und 4. Teilband (Der Werkvertrag und der einfache Auftrag)

Guhl/Merz/Kummer, Das Schweizerische Obligationenrecht, Zürich 1980 (7. Auflage)

Reber, Rechtshandbuch für Bauunternehmer, Bauherr, Architekt und Bauingenieur, Dietikon 1983 (4. Auflage)

Schumacher, Das Bauhandwerkerpfandrecht, Zürich 1982 (2. Auflage)

Troller, Probleme des urheberrechtlichen Schutzes von Werken der Baukunst, SIA-Dokumentation Nr. 45, Zürich 1980

von Tuhr/Peter und von Tuhr/Escher, Allgemeiner Teil des Schweizerischen Obligationenrechts, Bd. I und II, Zürich 1979 und 1974

Soweit auf Zeitschriftenartikel zurückgegriffen wurde, wird auf die entsprechenden Angaben bei den Zitaten verwiesen.

Verzeichnis der angewandten
SIA-Ordnungen und -Normen

102	Ordnung für Leistungen und Honorare der Architekten (1984)
103	Ordnung für Leistungen und Honorare der Bauingenieure (1984)
104	Ordnung für Leistungen und Honorare der Forstingenieure (1984)
108	Ordnung für Leistungen und Honorare der Maschinen- und der Elektroingenieure sowie der Fachingenieure für Gebäudeinstallationen (1984)
118	Allgemeine Bedingungen für Bauarbeiten, Norm (1977)
150	Verfahren vor einem Schiedsgericht, Richtlinie (1977)
152	Ordnung für Architekturwettbewerbe (1972)
153	Ordnung für Bauingenieurwettbewerbe (1972)
155	Ausarbeitung von Gutachten, Richtlinie (1977)

Bezugsstelle: SIA-Generalsekretariat, Postfach, 8039 Zürich

Abkürzungsverzeichnis

a.a.O.	am angegebenen Ort
Abs.	Absatz
Art.	Artikel
BGE	Entscheidungen des Schweizerischen Bundesgerichts (Amtliche Sammlung)
BR	Baurecht; Mitteilungen zum privaten und öffentlichen Baurecht, Seminar für Schweizerisches Baurecht, Freiburg i. Ue.
f./ff.	folgend(e)
LHO	Ordnungen für Leistungen und Honorare (der Architekten oder der Ingenieure)
lit.	litera = Buchstabe
N.	Note
OR	Schweizerisches Obligationenrecht
S.	Seite
SIA	Schweizerischer Ingenieur- und Architektenverein
SJZ	Schweizerische Juristen-Zeitung
SR	Systematische Sammlung des Bundesrechts
StGB	Schweizerisches Strafgesetzbuch
URG	Bundesgesetz über das Urheberrecht an Werken der Literatur und Kunst
ZGB	Schweizerisches Zivilgesetzbuch
Ziff.	Ziffer

Allgemeiner Teil

1. Das Architekten- und Ingenieurverhältnis: Tatsache und Rechtsnatur

A. Grundsätzliches

a) Tatsächliches Verhältnis

Die Beziehung zwischen Bauherrn einerseits und Architekten und Ingenieur andererseits kann in jedem Einzelfall verschieden ausgestaltet sein. Allgemeine Aussagen über dieses tatsächliche und rechtliche Verhältnis müssen daher immer mit dem Vorbehalt gemacht werden, dass sie im Einzelfall der konkreten, individuellen Situation angepasst werden müssen. Selbstverständlich ist auch das Verhältnis zwischen Bauherr und Architekt nicht in allen Teilen gleich wie dasjenige zwischen Bauherr und Ingenieur (vgl. unten lit. b). Trotzdem lassen sich gewisse typische Feststellungen machen. Dabei müssen allerdings einige Sonderfälle (z. B. Expertenaufträge) vorerst einmal ausgeklammert bleiben.

Der Bauherr erwartet vom Architekten oder Ingenieur im Hinblick auf ein bestimmtes Bauvorhaben (Neubau, Umbau oder Renovation) fachmännische Beratung, Unterstützung und Entlastung. Der Architekt oder Ingenieur soll das Bauvorhaben im Interesse des Bauherrn, welcher als Laie meist nicht über die nötigen Fachkenntnisse verfügt, projektieren und planen. Anschliessend soll er die plankonforme Realisierung durch die beigezogenen Lieferanten und Unternehmer koordinieren und überwachen. Der Bauherr erwartet somit vom beigezogenen Architekten und Ingenieur nicht, dass er das Bauvorhaben selber realisiere. Das Architekten- und Ingenieurverhältnis ist deshalb von andern Vertragstypen abzugrenzen (vgl. unten lit. C: Abgrenzungen). Für seine Leistungen verlangt der Architekt oder Ingenieur regelmässig ein Entgelt. Das gegenseitige Verhältnis ist somit kommerzieller Natur.

Es liegt in der Natur der Sache, dass sich die Aufgabe des Architekten oder Ingenieurs zu Beginn der gegenseitigen Beziehungen nur sehr oberflächlich und formal umschreiben lässt. Denn die nähere Definition und Präzisierung des Bauvorhabens ist ja gerade Gegenstand der vom Architekten oder Ingenieur zu erbringenden Leistung. Diese Leistung besteht überdies zu einem ganz wesentlichen Teil aus kreativen Elementen. Je nachdem kann die gestellte Aufgabe besser oder schlechter gelöst werden, wobei die Optimierungskriterien ganz unterschiedlicher Natur (Aesthetik, Zweckmässigkeit, Kosten, Speditivität, Sicherheit usw.) sein können. Praktisch entzieht sich dieser Optimierungsaspekt einer präzisen Kontrolle, denn die verschiedenen Zusammenhänge sind zu komplex. Zudem können verschiedene Optimierungskriterien masslich nicht eindeutig definiert werden. Erst recht sind die kreativen Elemente weitgehend unkontrollierbar. In dieser Situation ist der Bauherr dem beigezogenen Architekten oder Ingenieur ausserordentlich stark ausgeliefert. Die gegenseitige Beziehung setzt daher auf seiten des Bauherrn Vertrauen und auf seiten des Architekten oder Ingenieurs Treue voraus. In diesem Vertrauensverhältnis liegt das eigentlich Charakteristische der gegenseitigen Beziehung.

Für dieses Architekten- und Ingenieurverhältnis hat die Rechtsordnung und -praxis eine sachgerechte rechtliche Regelung zu finden, welche sowohl den Interessen des Bauherrn als auch denjenigen des Architekten oder Ingenieurs Rechnung trägt. Ausgangspunkt muss dabei auf jeden Fall die konkrete tatsächliche Beziehung zwischen den Parteien sein, welche mehr oder weniger diesem hier skizzierten Typus entspricht.

b) Das Architekten- und das Ingenieurverhältnis

Im Sinne einer Vereinfachung lässt sich der Tätigkeitsbereich des Architekten mehr im ästhetisch-gestalterischen, derjenige des Ingenieurs dagegen mehr im technisch-funktionalen Bereich anordnen. Eine scharfe, eindeutige Trennung lässt sich aber nicht ziehen. Der kommerzielle Aspekt (Kostenoptimierung auf der Leistungsseite und Gewinnstreben auf der Honorierungsseite) sind in beiden Fällen Bestandteil der Beziehung zum Bauherrn. Überhaupt ist die Struktur dieses Verhältnisses in beiden Fällen im wesentlichen gleich.

17

Sind bei einem Bauvorhaben sowohl ein Architekt als auch einer oder mehrere Ingenieure engagiert, so stellt sich die Frage, wer die Funktion des leitenden Büros ausübt und damit für die Koordination aller Baudienstleistungen verantwortlich ist. Im Regelfall liegt diese Funktion in den Händen des Architekten. Sie stellt dann den entscheidenden Unterschied zwischen dem Architektenverhältnis auf der einen Seite und den verschiedenen Ingenieurverhältnissen auf der andern Seite dar. Aber auch dieser Unterschied vermag keine grundlegend andere rechtliche Behandlung der verschiedenen Beziehungen zu rechtfertigen.

c) Überblick über die Versuche einer rechtlichen Qualifikation des Architekten- und Ingenieurverhältnisses

Die rechtliche Zuordnung des Architekten- und Ingenieurverhältnisses zu einem bestimmten Vertragstyp hat der Rechtslehre und vor allem der Rechtspraxis der letzten Jahre ausserordentlich Mühe gemacht. Die Bundesgerichtspraxis ist durch zwei radikale Kehrtwendungen geprägt: Die seit BGE 63 II 176 recht konstante Praxis, welche den Architekten- und Ingenieurvertrag teilweise dem Werkvertragsrecht und teilweise dem Auftragsrecht unterstellte, wurde mit BGE 98 II 305 aufgegeben. Gestützt auf dieses Präjudiz wurde das Architekten- und Ingenieurverhältnis bedingungslos dem Auftragsrecht unterstellt. Im BGE 109 II 462, welcher schon durch BGE 109 II 34 vorbereitet worden war, erfolgte eine neue Änderung der Rechtsprechung mit einer Rückkehr zur alten Praxis. Diese Sprünge der höchstrichterlichen Rechtsprechung provozierten zahlreiche wissenschaftliche Auseinandersetzungen mit der Qualifikation dieser Vertragsverhältnisse (Jäggi, Bemerkungen zu einem Urteil über den Architektenvertrag, SJZ 69 [1973] 301; Gautschi, Zur Qualifikation des Architektenvertrages im BGE 98 II 305 ff., SJZ 70 [1974] 21; Steffen, Bemerkungen zur Qualifikation des Architektenvertrages, Baurecht Nr. 3/1982 S. 48; Gauch, Die «Requalifizierung» des Architekturvertrages – Praxisänderung des Bundesgerichts, Baurecht Nr. 3/1984 S. 49). Dabei fällt auf, dass sowohl die Urteile wie auch die wissenschaftlichen Meinungsäusserungen statt vom praktischen Lebensvorgang des Architekten- und Ingenieurverhältnisses und der konkreten Interessenlage vielmehr von der begrifflichen Frage ausgehen, ob es einen «Geistwerkvertrag» gebe oder nicht. Die Konzentration auf diesen begrifflichen Aspekt hat offensichtlich von der primären Aufgabe abgelenkt, eine der konkreten Interessenlage entsprechende sachliche Lösung zu suchen.

Da seit der letzten Praxisänderung erst sehr kurze Zeit vergangen ist, kann jedenfalls noch nicht von einer gefestigten und klaren Praxis gesprochen werden. Es ist vielmehr zu hoffen, dass das Bundesgericht den ganzen Fragenkomplex nochmals unter dem Aspekt der Interessenregulierung kritisch überprüft.

B. Der Architektenvertrag

a) Tatsächliches Architektenverhältnis

Das tatsächliche Architektenverhältnis, also die tatsächlich-praktische Beziehung zwischen dem Bauherrn und seinem Architekten, kann im Einzelfall durch ganz besondere Elemente und spezielle Randbedingungen geprägt sein. Dieser individuelle Charakter jedes einzelnen Bezugsystems darf bei der Beurteilung nicht ausser acht gelassen werden. Über alle konkreten Unterschiede hinweg lässt sich aber doch ein typisches tatsächliches Architektenverhältnis beschreiben, welches für sehr viele Einzelfälle zutrifft.

In Art. 2.2 LHO 102 «Tätigkeit des Architekten» wird der Architekt als Verfasser des Entwurfes und Leiter der weiteren Planung und der Ausführung des Bauwerkes bezeichnet. Gemäss Art. 2.3.2 LHO 102 ist er der geeignete Fachmann, um die Probleme eines Bauvorhabens in ihrem Gesamtzusammenhang zu erfassen und um die Funktion des Gesamtleiters auszuüben. Dabei hat er – wie Art. 2.1.2 LHO richtig feststellt – als Vertrauensperson des Auftraggebers zu handeln. Rückschlüsse auf die faktischen Anforderungen an den Architekten lässt auch die Leistungstabelle von Art. 3.6 LHO 102 zu, welche die Gesamtleistung eines typischen Architektenverhältnisses in einzelne Phasen und Teilleistungen aufgegliedert wiedergibt. Durch den Leistungsbeschrieb von Art. 4 LHO 102 werden die einzelnen Aufgabenkreise näher konkretisiert.

Typisch für dieses Verhältnis ist es nun, dass es einen sehr weiten Bogen von der Analyse eines Problems über die Projektierung und Planung der Lösung sowie der Vorbereitung der Realisation bis hin zur Schlussabrechnung und zur Garantieabnahme spannt. Dabei ist es ganz entscheidend, dass die Verwirklichung der Lösung, also die Ausführung des Projekts, nicht zu den Aufgaben des Architekten gehört. Dieser kontrolliert vielmehr als Vertrauensperson des meist nicht fachkundigen Bauherrn die ausführenden Unternehmer.

All diese Tätigkeiten werden durch das Vertrauen des Bauherrn in den Architekten und durch dessen loyales Engagement im Interesse des Bauherrn geprägt. Wo der Architekt als Treuhänder des Bauherrn nach aussen in Erscheinung tritt (z. B. in der Submissionsphase, bei der Analyse der Angebote und der Vorbereitung der Vergebungsanträge sowie im Bereich der Bauleitung und der Leitung der Garantiearbeiten) ist dieses Vertrauensverhältnis offenkundig. Es gilt in der Vorprojekt- und Projektphase aber nicht weniger: Die Problemanalyse, das Studium der Lösungsmöglichkeiten sowie die Ausarbeitung eines optimalen Vorprojekts und Bauprojekts sind durch das gleiche Vertrauens- und Treueverhältnis bestimmt. Dies aus zwei Gründen: Einerseits ist der Bauherr mangels Fachkenntnis oft nicht in der Lage, die Leistungen des Architekten wirklich zu überprüfen; er muss seinem Architekten also voll vertrauen können. Dies gilt umso mehr, als es bei diesen Leistungen entsprechend ihrer Natur kaum eindeutige objektive Beurteilungskriterien gibt, auf welche sich der Bauherr stützen könnte. Andererseits – und dies ist entscheidend – lässt sich der konkrete Inhalt dieser Leistung bei Vertragsabschluss gar nicht genau definieren und damit auch nicht präzise versprechen. Auch wenn der Architekt dem Bauherrn eine «Problemanalyse», ein «Vorprojekt», ein «Bauprojekt» oder einen «Kostenvoranschlag» verspricht, vermag dieses formale Versprechen den eigentlichen materiellen Inhalt dieser Leistungszusage niemals genau zu umschreiben. Der Bauherr ist somit gezwungen, «die Katze im Sack zu kaufen».

b) Die Rechtsnatur des Architektenvertrages

Sicher gehört der Architektenvertrag zur Kategorie der Arbeitsleistungsverträge. Er ist entweder einem der drei gesetzlichen Typen dieser Vertragskategorie (Arbeitsvertrag, Werkvertrag oder Auftrag) zuzuordnen oder als eigenständiger, im Gesetz nicht geregelter Vertragstyp (Innominatkontrakt, Vertrag sui generis) zu bezeichnen. Obwohl natürlich viele Architekten aufgrund eines Arbeitsvertrages (Art. 319 ff. OR) in einem Subordinationsverhältnis zu einem Arbeitgeber tätig sind (Angestellte in einem Architekturbüro, Betriebsarchitekt usw.), ist diese vertragliche Zuordnung für die Beziehung Bauherr–Architekt keineswegs typisch. Wir lassen sie ausser acht. Im Vordergrund steht somit die Anknüpfung an das Werkvertragsrecht (Art. 363 ff. OR) oder das Auftragsrecht (Art. 394 ff. OR). Obwohl das Bundesgericht in BGE 109 II 466 die noch kurz zuvor vertretene starre Auffassung (BGE 106 II 159, 104 II 110) verlassen hat und nun auch bei den Arbeitsleistungsverträgen Innominatkontrakte generell wieder zulässt, sollte eine derartige Hilfsanknüpfung nicht ohne Not vorgenommen werden, widerspricht sie doch mindestens teilweise dem Postulat der Rechtssicherheit.

Die rechtliche Qualifikation des Architektenvertrages war in den letzten Jahren stark umstritten. Nachdem das Bundesgericht seit BGE 63 II 156 den Architektenvertrag teilweise dem Werkvertragsrecht und teilweise dem Auftragsrecht unterstellt hatte, gab es diese Praxis nach fast 40 Jahren mit BGE 98 II 305 auf. Mit diesem Präjudiz unterstellte das Bundesgericht das Architektenverhältnis vorbehaltlos dem Auftragsrecht. Im zurzeit neuesten Urteil von BGE 109 II 462 kehrte das Bundesgericht nun wieder zur früheren gemischten Anknüpfung zurück. Diese Kehrtwendungen der juristischen Praxis waren naturgemäss von heftigen Gefechten in der Rechtsliteratur begleitet. Es kann auf das vorne Gesagte (A/c) verwiesen werden. Diese ganze Auseinandersetzung, welche in ihren Konsequenzen von erheblicher Tragweite ist, wurde sehr massgebend von zwei Elementen bestimmt und charakterisiert: Im Vordergrund stand die begriffliche Diskussion, ob es neben einem «körperlichen Werk» und einem gewöhnlichen «Werkvertrag» auch ein «geistiges Werk» und damit einen «Geist-Werkvertrag» gebe. In zweiter Linie war die Diskussion durch die Tatsache geprägt, dass die Zuordnung eines Vertrages zum Auftragsrecht nach der heutigen Bundesgerichtspraxis zwingend die Möglichkeit des jederzeitigen und entschädigungslosen Widerrufs beinhaltet. Beide Elemente dürfen aber nicht entscheidend sein.

21

Die Rechtsnatur des Architektenvertrages darf nicht anhand eines im voraus festgelegten Begriffes, etwa anhand eines enger oder weiter gefassten Werkbegriffes, vorgenommen werden. Massgebend darf vielmehr einzig sein, welche Regeln dem Tatbestand angemessen sind (Jäggi, Bemerkungen zu einem Urteil über den Architektenvertrag, SJZ 69 [1973] 303). Betrachtet man nun das tatsächliche Architektenverhältnis unvoreingenommen, so erscheint die Zuordnung zum Auftragsrecht als zwingend. Der Schlussfolgerung von BGE 98 II 305 ist somit zuzustimmen. Diese Zustimmung gilt jedoch nicht für die Begründung des genannten Präjudizes. Ausschlaggebend ist vielmehr, dass das Architektenverhältnis durch alle einzelnen Teilleistungen hindurch vom Vertrauensverhältnis zwischen Bauherrn und Architekten geprägt ist. Diesem Vertrauensverhältnis wird das Auftragsrecht am besten gerecht. Ebenso wichtig ist es aber, dass der Architekt bei der Auftragserteilung dem Bauherrn aus der Natur der Sache heraus gar keinen inhaltlich bestimmten Erfolg versprechen kann, wie dies für das Zustandekommen eines Werkvertrages notwendig wäre. Bei Vertragsabschluss ist die Aufgabe des Architekten zwar zielgerichtet, notwendigerweise aber offen und nicht präzise bestimmbar. Dieser Tatsache trägt BGE 109 II 462 zuwenig Rechnung. In diesem Entscheid, dem nicht gefolgt werden kann, übersieht das Bundesgericht auch die fundamentalen Unterschiede, welche naturgemäss zwischen einem Architektenauftrag und der Bestellung eines vermessenen Situationsplanes bei einem Geometer bestehen: Hier sind objektive Werte aufzunehmen und in nachprüfbarer Weise richtig in einen Plan einzutragen, dort geht es um das Suchen einer noch nicht bestimmten optimalen Lösung im Interesse des Bauherrn. Die zutreffenden Ausführungen von BGE 109 II 34 lassen sich somit nicht auf den Architektenvertrag übertragen.

Treibende Kraft hinter der Kritik an der Zuordnung des Architektenvertrages zum Auftragsrecht war die Tatsache, dass der Auftrag gemäss der gefestigten Bundesgerichtspraxis gestützt auf Art. 404 Abs. 1 OR grundsätzlich jederzeit frei und entschädigungslos widerrufen (gekündigt) werden kann. Diese Konsequenz ist für ein kommerzielles Vertragsverhältnis tatsächlich unhaltbar und stossend. Da es aber als unerschütterliches Dogma galt, dass Art. 404 Abs. 1 OR zwingend sei, konnte man diese Konsequenz nur dadurch umgehen, dass man eine andere Vertragsanknüpfung suchte. Nun hat aber das

Bundesgericht in BGE 109 II 467 endlich einen Lichtblick durch-
schimmern lassen und angezeigt, dass es allenfalls von diesem fal-
schen Dogma abrücken werde. Geschieht dies – was sachgerecht wäre
– so fällt auch dieser in der Praxis wichtigste Grund dahin, den
Architektenvertrag in Bestimmungen hineinzuzwingen, welche ihm
gar nicht angemessen sind.

Im Sinne dieser Erwägungen ist der Architektenvertrag also, auch
wenn er nur die Ausarbeitung eines Vorprojekts oder eines Projekts
umfassen sollte, immer dem Auftragsrecht zu unterstellen.

C. Der Ingenieurvertrag

a) Parallelität zum Architektenverhältnis

Die Strukturen des Architekten- und des Ingenieurverhältnisses sind
sowohl tatsächlich als auch rechtlich weitgehend identisch. Es wurde
bereits darauf hingewiesen (vgl. vorne A/b). Das bisher Gesagte gilt
daher im grossen und ganzen auch für das Ingenieurverhältnis.

b) Die unterschiedlichen Ingenieurverhältnisse

Der Bauherr kann nicht nur zu einem Bauingenieur, sondern daneben zu verschiedenen Spezialingenieuren in Beziehung stehen.
Dieser Tatsache trägt der SIA mit den beiden Ordnungen 103 (für
Leistungen und Honorare der Bauingenieure) und 108 (für Leistungen und Honorare der Maschinen- und der Elektroingenieure sowie
der Fachingenieure für Gebäudeinstallationen) Rechnung. Für die
rechtliche Betrachtung spielen diese Differenzen aber keine wesentliche Rolle. Die allgemeinen Vertragsunterlagen, wie sie in Art. 1
LHO 102, 103 und 108 enthalten sind, sind konsequenterweise identisch.

c) Tatsächliches Ingenieurverhältnis

Wie beim Architektenverhältnis kann auch das Ingenieurverhältnis
im Einzelfall durch ganz besondere Elemente und spezielle Randbe-

23

dingungen geprägt sein. Dieser individuelle Charakter jedes einzelnen Bezugssystems hindert aber nicht, ein typisches tatsächliches Ingenieurverhältnis zu beschreiben, welches für sehr viele Einzelfälle zutrifft. Diese Verallgemeinerung ist über die Differenzen der LHO 103 und 108 hinweg möglich.

Die Tätigkeit des Ingenieurs ist in Art. 2.2 LHO 103 etwas detaillierter, grundsätzlich aber gleich beschrieben wie in Art. 2.2 LHO 108. Darnach erfüllt der Ingenieur Aufgaben der Beratung, Planung, Projektierung, Projektleitung und Bauleitung in seinem Fachgebiet. Dabei wird zwischen der Stellung als Beauftragter für ganze Bauwerke bzw. Anlagen (Art. 2.3 LHO 103 und 108) und der Stellung als Spezialist (Art. 2.4 LHO 103 und 108) unterschieden. In den Art. 3 und 4 LHO 103 und 108 werden die Erwartungen näher umschrieben, welche der Auftraggeber und Bauherr an den Ingenieur stellen darf.

Wie beim Architektenverhältnis ist es auch hier typisch, dass ein sehr grosser Bogen von der Analyse eines Problems über die Projektierung und Planung der Lösung bis hin zur Schlussabrechnung und zur Garantieabnahme geschlagen wird. Auch hier gehört die Verwirklichung der Lösung, also die Projektausführung, nicht zu den Aufgaben des Ingenieurs.

Wie beim Architekten werden auch diese Tätigkeiten durch das Vertrauen des Bauherrn in den Ingenieur und durch dessen loyales Engagement im Interesse des Bauherrn geprägt. Es kann auf das vorne Gesagte (vgl. B/a) verwiesen werden.

d) Die Rechtsnatur des Ingenieurvertrages

Es kann in allen Teilen auf das vorne zum Architektenvertrag Gesagte (vgl. B/b) verwiesen werden. Die rechtliche Qualifikation des Ingenieurvertrages ist nicht weniger umstritten als diejenige des Architektenvertrages. Auch beim Ingenieurvertrag erscheint nur eine Zuweisung unter die Vorschriften über den Auftrag (Art. 394 ff. OR) als sachgerecht und richtig.

D. Abgrenzungen von andern Vertragsverhältnissen

Der Charakter des Architekten- oder Ingenieurvertrages lässt sich auch dadurch erhellen, dass man ihn von andern Vertragsverhältnissen abgrenzt:

a) Abgrenzung vom Werkvertrag

Der häufigste und wichtigste Vertragstyp auf dem Bau ist der Werkvertrag nach Art. 363 ff. OR. Es ist der Vertrag zwischen Bauherrn und den einzelnen Unternehmern, in welchem es um die Realisation des Projekts oder einzelner Teile davon geht (Unternehmervertrag). Gemäss Art. 363 OR verpflichtet sich der Unternehmer durch den Werkvertrag zur Herstellung eines Werks und der Besteller (Bauherr) zur Leistung einer Vergütung. Der Begriff «Werk» darf dabei nicht zu eng gefasst werden: Er umfasst jedes materielle oder immaterielle, objektiv fassbare Resultat einer Arbeit. Gemeint sind also nicht nur geschlossene Ganze (wie Häuser, Tunnels, Brücken, Anlagen usw.), sondern ausdrücklich auch nur Teile davon (z. B. Isolationsarbeiten, Gipserarbeiten, Malerarbeiten usw.). Auch das blosse Bearbeiten oder Gestalten eines Objekts (Schleifen eines Bodens, Reinigen eines Hauses, Pflegen eines Gartens) wird von diesem Werkbegriff erfasst. Ebenso gehört der Abbruch eines Hauses oder einer Anlage dazu. Selbst die blosse Revision oder die Reparatur einer Anlage oder eines Apparates sind Werke im Sinne dieser Gesetzesbestimmung (Gauch, Der Werkvertrag, N. 22 ff.; Guhl/Merz/Kummer, Das Schweizerische Obligationenrecht, S. 444 f.). Wie bereits erwähnt, war es in den vergangenen Jahren sehr kontrovers, ob und wie weit auch ein geistiger Arbeitserfolg Gegenstand eines Werkvertrages sein könne (vgl. vorne A/c). Unabhängig von dieser begrifflichen Diskussion steht aber eines fest: Der konkrete Arbeitserfolg ist Gegenstand des Leistungsversprechens, das der Unternehmer beim Vertragsabschluss abgibt. Die Umschreibung des Werkes gehört zu den wesentlichen Vertragsbestandteilen, ohne die ein Werkvertrag im Sinne von Art. 363 OR gar nicht zustandekommen kann.

Beim Architekten- und Ingenieurvertrag fehlt nun gerade die Möglichkeit, im voraus einen derart bestimmten Erfolg, also ein Werk im Sinne von Art. 363 OR, zu versprechen. Entgegen der in BGE 109 II 462 vertretenen Auffassung, welche auch von Gauch geteilt wird (Gauch, Der Werkvertrag, N. 46 ff.), trifft dies insbesondere auch bei der Planungsphase zu: Zwar lassen sich in dieser Phase konkrete Leistungen (z. B. Vorprojektskizzen, Ausführungspläne usw.) definieren. Diese Definitionen sind jedoch nur äusserlich und formaler Natur. Sie erfassen nicht das Wesentliche der Leistung, welche der Architekt oder Ingenieur zu erbringen hat. Selbst wenn man also den Architekten- und Ingenieurleistungen der Planungsphase Werkcharakter im Sinne von Art. 363 OR zusprechen wollte – was offen bleiben kann – so kommt eine Unterstellung unter das Werkvertragsrecht aus den genannten Gründen nicht in Frage. Tatsächlich wäre das Werkvertragsrecht mit seiner kausalen Erfolgshaftung für die spezielle Vertrauensleistung des Architekten oder Ingenieurs auch nicht angemessen und richtig.

Was die weiteren Phasen der Architekten- und Ingenieurtätigkeit (Erstellen von Kostenvoranschlägen, Tätigkeit im Zusammenhang mit der Submission, Bauaufsicht usw.) und die Gesamtverträge betrifft, so ist sich die Lehre und Praxis heute einig, dass das Auftragsrecht Anwendung findet (Gauch, Der Werkvertrag, N. 50 ff.; BGE 109 II 462). Dem ist zuzustimmen.

b) Abgrenzung vom Generalunternehmervertrag

Der Generalunternehmervertrag, welcher in den verschiedensten Formen und Variationen auftritt, ist ein wichtiges Element der heutigen Bauwirklichkeit. Rechtlich bildet er jedoch keinen eigenen Vertragstyp. Er ist ein Werkvertrag im Sinne von Art. 363 ff. OR (Gauch, Der Werkvertrag, N. 191 ff.).

Dementsprechend ist die Abgrenzung des Architekten- und Ingenieurvertrages vom Generalunternehmervertrag gleich vorzunehmen wie die Abgrenzung vom Werkvertrag im allgemeinen. Es kann auf das Gesagte verwiesen werden (vgl. D/a).

26

Selbstverständlich ist es möglich, dass jemand, der normalerweise als Architekt oder Ingenieur tätig ist, einen Generalunternehmervertrag abschliesst. Er tritt dann eben nicht mehr als Architekt oder Ingenieur, sondern als Unternehmer in Erscheinung. Diese Möglichkeit ändert somit nichts an der hier vorgenommenen Abgrenzung.

c) Abgrenzung vom Totalunternehmervertrag

Der Totalunternehmer verspricht dem Bauherrn nicht nur die Verwirklichung eines vollständigen Projekts, sondern er übernimmt gleichzeitig auch noch dessen Projektierung und Planung. Er ist also ein projektierender Generalunternehmer. Der Totalunternehmervertrag ist ebenfalls ein Werkvertrag (Gauch, Der Werkvertrag, N. 196 ff.).

Wiederum entspricht die Abgrenzung somit derjenigen, die zwischen Architekten- und Ingenieurvertrag einerseits und Werkvertrag anderseits vorgenommen werden muss (vgl. D/a).

d) Verhältnis zum Generalplanervertrag

Die SIA-Ordnungen für Leistungen und Honorare behandeln die Tätigkeit der Architekten (LHO 102), der Bauingenieure (LHO 103) sowie der Maschinen- und Elektroingenieure und der Fachingenieure (LHO 108) getrennt. Der SIA folgt damit der klassischen Aufteilung der Projektierungs-, Planungs- und Überwachungstätigkeit auf dem Bau. Weicht ein Fachmann von dieser Aufteilung ab und übernimmt er diese Tätigkeiten gesamthaft zur Erledigung, so wird er als Generalplaner bezeichnet. Sein Tätigkeits- und Verantwortungsfeld wird damit grösser. In rechtlicher Hinsicht ändert sich aber seine Beziehung zum Bauherrn nicht. Es gilt nach wie vor die vorne beschriebene Unterstellung unter das Auftragsrecht (vgl. A/c, B/b und C/d).

e) Abgrenzung von der einfachen Gesellschaft

Nach Art. 530 ff. OR ist die einfache Gesellschaft ein Vertrag zwischen zwei oder mehreren Personen, welche mit gemeinsamen Kräften oder Mitteln einen gemeinsamen Zweck erreichen wollen. Dem-

27

entsprechend hat jeder Gesellschafter einen Beitrag in Form von Werteinlagen (Geld, Forderungen, Sachen) oder Arbeit zu leisten. Im Regelfall sind die Gesellschafter je nach Art und Grösse ihres Beitrages anteilsmässig am Gewinn und Verlust der Gesellschaft beteiligt.

Die einfache Gesellschaft hat somit eine grundlegend andere Struktur als ein zweiseitiger Vertrag wie z. B. ein Auftrag oder ein Werkvertrag: Beim zweiseitigen Vertrag stehen sich zwei Parteien mit unterschiedlichen Interessen gegenüber, welche in einem vertraglich genau festgelegten Austauschverhältnis zueinander stehen. Der Bauherr will eine fachkundige Beratung und Vertretung; er ist bereit, dafür eine Entschädigung zu leisten. Umgekehrt ist der Architekt oder Ingenieur grundsätzlich nur an seinem Honorar interessiert und deswegen bereit, für den Bauherrn tätig zu sein. Bei der einfachen Gesellschaft dagegen sind die Interessen aller Beteiligten konzentrisch um den gemeinsamen Zweck gruppiert. Die einzelnen Beiträge werden im Hinblick auf den künftigen Anteil am erhofften Gesellschaftserfolg geleistet.

Das klassische Verhältnis zwischen Architekten und Ingenieuren einerseits und Bauherrn andererseits basiert eindeutig auf einem zweiseitigen Vertrag. In dieser Normalform hat das Verhältnis nichts mit einer einfachen Gesellschaft zu tun. In der Praxis werden Architekten und Ingenieure aber häufig eingeladen, mit andern Beteiligten (Grundeigentümer, Unternehmer, Finanziers) zusammen, bei einem Konsortium mitzumachen. Derartige Konsortien fallen nun unter die Kategorie der einfachen Gesellschaft. Wird ein Architekt oder Ingenieur Konsortiant, so gelten für ihn nicht mehr die Bestimmungen über den Architekten- oder Ingenieurvertrag, wie sie sich aus dem Gesetz und den LHO ergeben, sondern die Vorschriften über die einfache Gesellschaft. Dies gilt selbst dann, wenn der gesellschaftsrechtliche Beitrag des Architekten oder Ingenieurs unter Hinweis auf die massgebliche SIA-Ordnung umschrieben wird. Grundsätzlich hat der Architekt oder Ingenieur in diesem Fall auch kein Honorar und keinen Auslagenersatz zu verlangen; an die Stelle dieser Ansprüche tritt die Chance der Gewinnbeteiligung. Es ist jedoch zu beachten, dass das Gesetz den Parteien einer einfachen Gesellschaft einen sehr grossen Handlungsspielraum lässt. Im konkreten Einzelfall können daher Vereinbarungen getroffen werden, welche die Grenzen zwischen einem Architekten- oder Ingenieurvertrag und einer einfachen Gesellschaft verwischen und als fliessend erscheinen lassen.

Auf zwei besondere Formen der einfachen Gesellschaft muss hier noch hingewiesen werden:

aa)
Schliessen sich mehrere selbständige Architekten und Ingenieure zu einer Arbeitsgemeinschaft zusammen, um für einen Bauherrn ein Bauvorhaben zu projektieren und zu planen sowie dessen Ausführung zu überwachen, so gelten zwischen ihnen intern die Vorschriften über die einfache Gesellschaft (Art. 530 ff. OR). Im Aussenverhältnis zum Bauherrn aber liegt eine normale, zweiseitige Vertragsbeziehung vor, welche sich praktisch nicht von einem Architekten- oder Ingenieurvertrag mit einem einzelnen Projektierenden unterscheidet.

bb)
Schliesst der Architekt oder Ingenieur dagegen mit einem oder mehreren Unternehmern eine einfache Gesellschaft, so gelten intern wiederum die Vorschriften von Art. 530 ff. OR. Im Aussenverhältnis befindet sich der Architekt oder Ingenieur dann aber auf der Unternehmerseite. Er tritt dem Bauherrn nicht mehr als Beauftragter aufgrund eines Auftrages, sondern als Unternehmer aufgrund eines Werkvertrages entgegen.

In all diesen Fällen der einfachen Gesellschaft ist zu beachten, dass die Gesellschafter im Aussenverhältnis für alle rechtsgeschäftlichen Verpflichtungen solidarisch haften (Art. 547 Abs. 3 OR; Guhl/-Merz/Kummer, Das Schweizerische Obligationenrecht, S. 570). Jeder Beteiligte übernimmt somit die Verantwortung für eine allenfalls schlechte Vertragserfüllung durch einen Partner. Diese Konsequenz kann insbesondere dann gravierend sein, wenn der Architekt oder Ingenieur solidarisch für die Erfüllung der werkvertraglichen Pflichten mitbeteiligter Unternehmer haften muss.

2. Die Rechtsgrundlagen und die Stellung der LHO

A. Das schweizerische Obligationenrecht

Grundsätzlich wird das Architekten- und Ingenieurverhältnis rechtlich vom schweizerischen Obligationenrecht geregelt. Anwendbar sind – über die allgemeinen Vorschriften von Art. 1 ff. OR hinaus – insbesondere die Bestimmungen über den Auftrag in Art. 394 ff. OR. Es kann auf die umfangreiche Literatur und Judikatur dazu verwiesen werden.

An dieser Stelle sind lediglich zwei Gesichtspunkte hervorzuheben: Zunächst ist auf den Grundsatz der Vertragsfreiheit hinzuweisen. Nach Art. 19 Abs. 1 OR kann der Inhalt jedes Vertrages innerhalb der Schranken des Gesetzes beliebig vereinbart werden. Das Gesetz lässt den beteiligten Parteien somit einen grossen Handlungsspielraum. In zweiter Linie ist festzuhalten, dass vertragliche Vereinbarungen grundsätzlich keiner besonderen Form bedürfen (Art. 11 Abs. 1 OR). Im Bereich der Architekten- und Ingenieurverträge schreibt das Gesetz nirgends vor, dass eine besondere Form respektiert werden müsse.

B. Die Ordnungen SIA 102, 103 und 108 für Leistungen und Honorare der Architekten und Ingenieure

Die Ordnungen SIA 102, 103 und 108 für Leistungen und Honorare der Architekten und Ingenieure sind Allgemeine Geschäftsbedingungen. Sie haben für sich genommen keine Geltungskraft und dürfen nicht mit Gesetzen oder Verordnungen verglichen werden. Sie stellen lediglich einen möglichen Vertragsinhalt dar, welcher im konkreten Einzelfall von zwei Vertragsparteien übernommen werden kann oder nicht. Diese Möglichkeit beruht auf der gesetzlichen Vertragsfreiheit von Art. 20 Abs. 1 OR.

Im einzelnen wird auf die Ausführungen zu Art. 1.1 verwiesen.

C. Andere allgemeine Geschäftsbedingungen

Die gleiche Vertragsfreiheit, welche den Einsatz der SIA-LHO erst ermöglicht, erlaubt den Parteien aber auch, andere allgemeine Geschäftsbedingungen einzusetzen. Es können dies völlig selbständige vorformulierte Vertragsbedingungen oder Abänderungen und Ergänzungen zu den SIA-LHO sein.

Werden gleichzeitig verschiedene Allgemeine Geschäftsbedingungen für einen konkreten Vertrag als anwendbar erklärt, so besteht die Gefahr von Widersprüchen. Liegen solche vor, so kommt anstelle der widersprüchlichen Vertragsregelung grundsätzlich das gesetzliche Recht zur Anwendung.

31

3. Der Abschluss und Inhalt des Architekten- und Ingenieurvertrages

A. Der Vertragsabschluss

a) Prinzip der Formfreiheit

Der Abschluss des Architekten- und Ingenieurvertrages ist an keine besondere Form gebunden. Er kann also mündlich, schriftlich oder auch nur stillschweigend abgeschlossen werden.

Diese Rechtslage hat Vor- und Nachteile: Der Vorteil liegt darin, dass der Vertragsschluss unkompliziert und spontan erfolgen kann. Ebenso können die Parteien den Vertrag ohne besondere Formalitäten veränderten Situationen anpassen. Schliesslich wird das Zustandekommen des Vertrages auch nicht dadurch verhindert, dass die Unterzeichnung des Vertragsdokumentes versehentlich unterbleibt. Umgekehrt lassen sich die Nachteile wie folgt skizzieren: Beim formlos abgeschlossenen Vertrag bleibt es oft unklar, welchen Inhalt er genau hat. Insbesondere kann es streitig sein, ob die SIA-LHO Anwendung finde oder nicht. Besonders häufig sind auch Meinungsverschiedenheiten darüber, welchen Umfang ein erteilter Auftrag gehabt habe (mussten nur Vorprojektskizzen erstellt oder aber ein Bauprojekt ausgearbeitet werden?).

b) Die Beweislast

Wer die Existenz eines Architekten- oder Ingenieurvertrages behauptet, um daraus bestimmte Vorteile und Rechte abzuleiten, hat sowohl den Vertragsabschluss als auch den massgeblichen Vertragsinhalt zu beweisen. Dies folgt aus der Beweislastregelung von Art. 8 ZGB. Beide Parteien können daher in die Situation kommen, dass sie den Vertragsabschluss und einen bestimmten Vertragsinhalt beweisen müssen. Bauherr und Architekt oder Ingenieur müssten also ein Interesse daran haben, in einer Vertragsurkunde den wesentlichen Inhalt ihrer rechtlichen Beziehungen festzulegen.

c) Vertragsformulare

Neben den LHO als vorformulierten Allgemeinen Vertragsbedingungen stellt der SIA den Parteien Vertragsformulare (Formuare 1002, 1003 und 1008) zur Verfügung. Diese Formulare sollen es den Parteien erleichtern, alle Punkte zu regeln, welche bei einem konkreten Vertragsabschluss geklärt werden müssen. Im übrigen verweisen diese Formulare auf die massgebliche SIA-LHO. Im Sinne einer Klarstellung enthalten sie alle den Art. 1 «Allgemeines und Grundlagen» der entsprechenden Ordnung im vollen Wortlaut.

d) Vorrang der konkreten vertraglichen Vereinbarung

Bestehen zwischen den nachweisbaren Vereinbarungen, welche zwei Parteien in einem konkreten Fall getroffen haben, und den Allgemeinen Geschäftsbedingungen Widersprüche, so gehen die konkreten Vereinbarungen vor. Nach Treu und Glauben ist anzunehmen, dass die im Einzelfall getroffenen individuellen Abmachungen den Willen der Parteien besser und deutlicher wiedergeben als die Allgemeinen Geschäftsbedingungen.

Es ist daher ohne weiteres möglich, grundsätzlich eine SIA-LHO als anwendbar zu erklären, im konkreten Vertragstext dann aber Abweichungen davon zu vereinbaren. (Es ist nicht unsere Sache, die Zweckmässigkeit eines solchen Vorgehens zu beurteilen. Immerhin ist darauf hinzuweisen, dass die Ordnungen ein geschlossenes Ganzes darstellen, welches in einem inneren Gleichgewicht steht. Werden davon einzelne Elemente verändert, kann ein Ungleichgewicht entstehen.)

B. Der Vertragsinhalt

Was den Inhalt der Architekten- und Ingenieurverträge betrifft, kann auf die Ausführungen zu Art. 1 LHO hinten verwiesen werden. Hier ist lediglich ein kurzer, summarischer Überblick zu geben:

a) Gesetzliche Regelung oder vertragliche Vereinbarung

Soweit die Parteien nichts anderes vereinbaren, kommen auf den Vertrag die gesetzlichen Bestimmungen des schweizerischen Obligationenrechts zur Anwendung. Dies ist regelmässig dort der Fall, wo die Parteien völlig frei und formlos in ein Vertragsverhältnis hineingleiten, ohne sich über den Vertragsinhalt Gedanken zu machen. Diese gesetzliche Regelung – im Vordergrund stehen die Vorschriften über den Auftrag von Art. 394 ff. OR – ist knapp und lässt vieles offen, so dass der Richter im Streitfall interpretierend und ergänzend eingreifen muss. Zudem gibt es keine Bestimmungen im Gesetz, die speziell auf das Architekten- oder Ingenieurverhältnis zugeschnitten wären. Diese Vorschriften sind daher nicht in allen Fällen passend.

Die Parteien können nun in ihrem Vertrag abweichende Regelungen vereinbaren, soweit nicht zwingende Gesetzesvorschriften entgegenstehen. Im Bereich des Architekten- und Ingenieurvertrages gibt es praktisch keine derartigen zwingenden Bestimmungen. Einzige Ausnahme ist – nach der heute noch herrschenden Praxis – die Vorschrift von Art. 404 Abs. 1 OR über die jederzeitige Widerrufsmöglichkeit im Auftragsrecht (vgl. hinten N. 7 ff. zu Art. 1.14). Derartige Regelungen können die Parteien nun individuell aushandeln oder vereinbaren. Sie können stattdessen aber einfach eine allgemeine Geschäftsbedingung übernehmen, welche bereits eine vorformulierte Regelung enthält.

b) Primäre Handlungspflicht des Architekten oder Ingenieurs

Es liegt in der Natur der Sache, dass die eigentliche Aufgabe des Architekten oder Ingenieurs, also seine primäre Handlungspflicht, in jedem Einzelfall individuell definiert und festgelegt werden muss.

Allgemein kann darüber nur etwas generell ausgesagt werden: Der Architekt oder Ingenieur übernimmt – sofern er nicht einen atypischen Vertrag abschliesst, was nicht zu vermuten ist – keinerlei Erfolgsgarantie. Er verpflichtet sich dem Bauherrn und Auftraggeber gegenüber nur, sich optimal für seine Interessen einzusetzen. Hierin liegt der fundamentale Unterschied zum Unternehmer, welcher immer einen bestimmten, im voraus definierten Erfolg verspricht.

c) Die grundlegenden Verhaltenspflichten

Lässt sich die primäre Handlungspflicht des Architeken oder Ingenieurs nicht präzise festlegen, so wächst die Bedeutung der grundlegenden Verhaltenspflichten, welche der Architekt oder Ingenieur zu beachten hat. Es sind dies: Die allgemeine Pflicht, die Interessen des Auftraggebers zu wahren (Art. 1.4.1 LHO), die Treuepflicht (Art. 1.1.2 LHO) und die Sorgfaltspflicht (Art. 1.1.1 und 1.6 LHO).

d) Honorierungspflicht

Umgekehrt ist der Bauherr grundsätzlich verpflichtet, den Architekten oder Ingenieur für seine Bemühungen zu honorieren. Diese Pflicht ergibt sich bereits aus Art. 394 Abs. 3 OR. Sie besteht auch dann, wenn kein schriftlicher Vertrag abgeschlossen wurde.

Behauptet der Bauherr, der Architekt oder Ingenieur habe ihm gegenüber ausnahmsweise auf ein Honorar verzichtet, so muss er diese Behauptung nach Art. 8 ZGB beweisen können. Dabei stellt die Praxis an diesen Nachweis eher strenge Anforderungen, stellt der Honorarverzicht doch einen schwerwiegenden Eingriff in die kommerzielle Struktur eines selbständigen Architekten- oder Ingenieurbüros dar.

35

C. Die Beendigung des Architekten- oder Ingenieurvertrages

a) Ordentliche Beendigung

Normalerweise endigt der Architeken- oder Ingenieurvertrag dann, wenn die gestellte Aufgabe vollständig erfüllt ist. Es braucht dann keine spezielle Kündigung oder Auflösungserklärung.

b) Vorzeitige Auflösung im gegenseitigen Einverständnis

Selbstverständlich können die Parteien einen Architekten- oder Ingenieurvertrag im gegenseitigen Einverständnis auch vorzeitig auflösen.

c) Einseitige Kündigung

Was die Möglichkeit einer einseitigen Kündigung des Architekten- oder Ingenieurvertrages betrifft, ist auf die Ausführungen zu Art. 1.14 LHO zu verweisen. Im heutigen Zeitpunkt vertritt die herrschende Lehre die Auffassung, der Architekten- oder Ingenieurvertrag könne jederzeit von beiden Parteien entschädigungslos aufgelöst werden. Ein Schadenersatz sei nur dann zu leisten, wenn die Auflösung zur Unzeit erfolgte.

4. Der Architekt oder Ingenieur und andere am Bau Beteiligte

A. Der Architekt oder Ingenieur und andere Projektierende

a) Das leitende Büro

Arbeiten mehrere Projektierende – z. B. ein Architekt, ein Bauingenieur, ein Elektroingenieur – am gleichen Objekt, so wird einer von ihnen die Gesamtverantwortung tragen. Er hat zu koordinieren. Er hat die Funktion des leitenden Büros. Seine Anordnungen gelten im Verhältnis zu den übrigen Projektierenden als Anordnungen des Bauherrn. Das leitende Büro erscheint als Hilfsperson des Bauherrn.

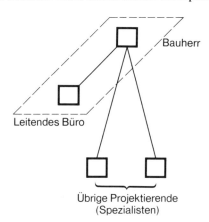

Bauherr

Leitendes Büro

Übrige Projektierende
(Spezialisten)

b) Die übrigen Projektierenden

Demgegenüber stehen die übrigen Projektierenden gleichrangig nebeneinander. Keiner steht dem Bauherrn näher.

37

B. Der Architekt oder Ingenieur und die Unternehmer

Im Verhältnis zu den Unternehmern ist der Architekt oder Ingenieur eine Hilfsperson des Bauherrn. Dies gilt immer, besonders aber dann, wenn er die Funktion der Bauleitung hat.

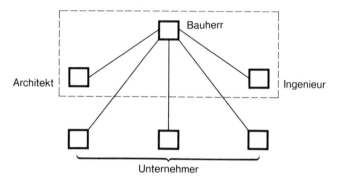

C. Der Architekt oder Ingenieur und die Lieferanten

Was über das Verhältnis des Architekten oder Ingenieurs zu den Unternehmern gesagt wurde, gilt auch für das Verhältnis zu den Lieferanten.

D. Die solidarische Haftung aller am Bau Beteiligten

Haben mehrere am Bau beteiligte Personen (Architekt, Ingenieur, verschiedene Unternehmer) einen Beitrag zum Eintritt eines Schadens geleistet, so haften sie extern dem Bauherrn solidarisch für den ganzen Schaden. Der Bauherr kann auswählen, gegen wen er vorgehen will. Die verschiedenen Haftpflichtigen müssen dann untereinander die Regressregelung treffen.

Voraussetzung für diese solidarische Haftung ist es aber natürlich, dass der fragliche Beteiligte aufgrund seines Vertrages haftpflichtig ist. Ein Architekt oder Ingenieur haftet für einen Baumangel nicht solidarisch, wenn ihm keine Sorgfaltspflichtverletzung und keine andere Vertragswidrigkeit vorgeworfen werden kann.

5. Die Architekten- und Bauingenieurwettbewerbe und das Architekten- und Ingenieurverhältnis

A. Der Architektenwettbewerb

Der Architektenwettbewerb, der sich meist nach der Ordnung SIA 152 richtet, geht einem Architekturvertrag voraus. Er ist eine Auslobung, also ein Rechtsverhältnis besonderer Art. Als solcher hat er nichts mit dem Architektenvertrag zu tun.

Dem Gewinner des Wettbewerbs winkt jedoch die Möglichkeit, mit dem Wettbewerbsveranstalter einen Architektenvertrag schliessen zu können. Dieser unterliegt dann vollumfänglich den auftragsrechtlichen Bestimmungen, wie sie hier dargestellt wurden.

B. Der Bauingenieurwettbewerb

Beim Bauingenieurwettbewerb nach der Ordnung SIA 153 muss zwischen den Ideen- und Projektwettbewerben einerseits und dem Submissionswettbewerb andererseits unterschieden werden.

Für den Ideen- und Projektwettbewerb gilt das, was oben zum Architektenwettbewerb gesagt wurde. Es kann darauf verwiesen werden.

Der Submissionswettbewerb zielt dagegen auf einen Werkvertrag ab. Er hat mit dem Ingenieurvertrag als solchem nichts zu tun.

C. Studienauftrag an mehrere Architekten

In Art. 10 LHO 102 ist der Studienauftrag an mehrere Architekten geregelt. Obwohl dieser von seiner Funktion her eher dem Architekturwettbewerb zugeordnet werden könnte, ist er rechtlich ganz klar ein Bündel von einzelnen Architekturverträgen im Sinne der hier gemachten Ausführungen. Es besteht zwischen jedem einzelnen Architekten und dem Bauherrn ein separater Architektenvertrag mit je parallelem Inhalt.

6. Das Bauhandwerkerpfandrecht

Die Ausführungen zum Bauhandwerkerpfandrecht können kurz ausfallen: Es ist einfach festzuhalten, dass es für Architekten- und Ingenieurhonorare nach konstanter Praxis kein Bauhandwerkerpfandrecht gibt. Ist die Leistung des Architekten oder Ingenieurs dagegen Bestandteil eines Generalunternehmer-Werklohnes, so kommt es indirekt in den Genuss des Bauhandwerkerpfandrechts. Die Lösung ist nicht voll befriedigend.

7. Die Prozessuale Auseinandersetzung

A. Grundsatz

Kommt es aufgrund eines Architekten- oder Ingenieurvertrages zu einem Streit, welcher in einen Prozess mündet, so handelt es sich um einen normalen Zivilprozess. Dieser ist – sofern keine Gerichtsstandsvereinbarung getroffen wurde – am Wohnsitz des Beklagten einzuleiten, wobei die dort geltenden kantonalen Zivilprozessvorschriften zu beachten sind.

Je nach dem Streitwert sind dann auch die im Klagekanton gegebenen Rechtsmittelwege offen. Wenn der massgebende Streitwert (derzeit Fr. 8000.–) erreicht wird, können die Rechtsfragen auch mit Berufung an das Bundesgericht weitergezogen werden.

In den SIA-Formularverträgen wird nun grundsätzlich auf diesen ordentlichen Prozessweg verwiesen. Wenn die Parteien also nicht ausdrücklich etwas anderes vereinbaren, so kommt dieser zur Anwendung. Hingegen enthalten die SIA-Formularverträge eine Gerichtsstandsklausel, wonach alle Prozesse beim Gericht am Geschäftssitz des Architekten oder Ingenieurs anzuheben sind.

B. Schiedsgerichtsbarkeit

Die Parteien können vertraglich in einer Schiedsklausel vereinbaren, dass allfällige Streitigkeiten aus dem Vertragsverhältnis statt den ordentlichen Gerichten einem Schiedsgericht zur Beurteilung unterbreitet werden. In diesem Fall übernimmt das Schiedsgericht die Funktion und Verantwortung der staatlichen Gerichte.

43

Für das Schiedsgerichtsverfahren stellt der SIA die Richtlinie SIA 150 über das Verfahren vor einem Schiedsgericht zur Verfügung. Die Parteien können aber auch ein anderes Verfahren wählen. Die Grundlagen des Schiedsgerichtes ergeben sich letztlich aus der Zivilprozessordnung des zuständigen Kantons, wobei heute die meisten Kantone dem Schiedsgerichtskonkordat (SR 279) angeschlossen sind.

Sofern die Parteien nichts anderes vereinbaren, besteht das Schiedsgericht aus drei Richtern, welche im Zeittarif tätig sind. Jede Partei kann einen Schiedsrichter bezeichnen, die aber nicht Parteivertreter sind und objektiv urteilen müssen. Die beiden von den Parteien bezeichneten Schiedsrichter wählen einen Obmann. Das Schiedsgericht kann einen Sekretär beiziehen.

Aus Kostengründen entscheiden sich die Parteien oft, anstelle eines Dreierschiedsgerichts einen Einzelschiedsrichter einzusetzen.

Für Einzelheiten wird vor allem auf die Richtlinie SIA 150 über das Verfahren vor einem Schiedsgericht verwiesen.

C. Die Beweislast

Es muss immer wieder auf die Beweislast verwiesen werden: Wer eine für ihn günstige Tatsache behauptet, um daraus etwas zu seinen Gunsten abzuleiten, muss diese Tatsache beweisen können, wenn sie von der Gegenpartei bestritten wird (Art. 8 ZGB).

Diese Beweislastregelung bedeutet zweierlei:

a) Bei der Abwicklung der Geschäfte muss man sich die nötigen Beweise sichern.

b) Bei der Vorbereitung eines Prozesses hat man nicht nur die Rechtslage, sondern vor allem auch die Beweislage kritisch zu prüfen.

8. Die Sonderfälle

Summarisch ist auf einige Sonderfälle einzutreten, in welchen Architekten oder Ingenieure tätig sind. Diese Sonderfälle können hier nicht ausführlich behandelt werden. Grundsätzlich gilt das, was über die Vertragsqualifikation gesagt wurde. Die entsprechenden Aussagen und Regeln müssen einfach vernünftig angepasst werden.

A. Die Experten

Die charakteristische Tätigkeit des Experten ist es, bestimmte Sachverhalte, wozu insbesondere auch Leistungen von Fachkollegen gehören, zu begutachten. Die Funktion des Experten ist also theoretisch-betrachtend und nicht auf praktisches Handeln ausgerichtet. Dem Experten wird im besonderen Masse Vertrauen entgegengebracht.

Obwohl uns die Begriffe des Experten und der Begutachtung klar erscheinen, ist es im einzelnen nicht einfach, den Expertenauftrag von einem gewöhnlichen Architekten- oder Ingenieurauftrag abzugrenzen. Dies ist aber auch nicht weiter notwendig. Es können immer die gleichen auftragsrechtlichen Bestimmungen zur Anwendung gebracht werden.

a) Der private Experte

Der private Experte erhält seinen Auftrag von einer oder mehreren Privatpersonen. Dabei handelt es sich um ein völlig normales privatrechtliches Vertragsverhältnis. Der Experte ist nur seinem Auftraggeber zur Treue und Loyalität verpflichtet. Auf das Vertragsverhältnis findet allenfalls die Richtlinie SIA 155 über die Ausarbeitung von Gutachten Anwendung.

b) Der gerichtliche Experte

Auch der gerichtliche Experte arbeitet aufgrund eines privatrechtlichen Auftrages. Auftraggeber ist aber der Staat, vertreten durch ein bestimmtes Gericht. Neben den ordentlichen auftragsrechtlichen Vorschriften hat der Experte auch die Bestimmungen des massgeblichen Prozessrechts zu beachten. Die Erfüllung seines Auftrages untersteht zudem der strafrechtlichen Kontrolle im Sinne von Art. 307 StGB, der die vorsätzliche falsche Expertenaussage unter Strafe stellt. Der Experte ist dem Staat (Gericht) und nicht den Streitparteien verpflichtet.

B. Die Schiedsrichter

Grundsätzlich wird auf das vorne Gesagte (vgl. Ziff. 7 B) verwiesen, wo die Tätigkeit des Schiedsrichters unter Hinweis auf die Richtlinie SIA 150 sowie auf das Schiedsgerichtskonkordat und die kantonalen Zivilprozessordnungen kurz skizziert wurde.

Die Schiedsrichter arbeiten ebenfalls im Auftrag. Ihre Auftraggeber sind beide Parteien gemeinsam, nicht etwa nur diejenige, welche den Schiedsrichter bezeichnet hat. Neben den ordentlichen auftragsrechtichen Pflichten hat der Schiedsrichter auch die prozessualen Vorschriften zu beachten.

C. Die LHO 104 und die HO 110

Der Vollständigkeit halber wird auf die Ordnung 104 für Leistungen und Honorare der Forstingenieure sowie auf die Honorarordnung SIA 110 für die Quartier-, Orts- und Regionalplanung verwiesen. Auch diese basieren auf dem Auftragsrecht.

Spezieller Teil

1.1   Inhalt der Ordnung

.1 Die vorliegende Ordnung umschreibt die Rechte und Pflichten der Vertragsparteien bei Aufträgen an Architekten.

.2 Sie liefert die Grundlagen einer angemessenen Honorierung der Leistungen des Architekten.

Contenu du règlement

.1 Le présent règlement décrit les droits et les devoirs des parties contractant des mandats d'architecte.

.2 Il fixe les bases d'une rémunération équitable des prestations de l'architecte.

Contenuti del regolamento

.1 Il presente regolamento stabilisce i diritti e gli obblighi delle parti contraenti per i mandati ad architetti.

.2 Pone le basi per un'adeguata rimunerazione delle prestazioni dell'architetto.

A. Zu Artikel 1.1.1

1 Die LHO stellen lediglich einen vorformulierten und möglichen Inhalt des Architekten- oder Ingenieurvertrages dar. Sie gehören zur Kategorie der Allgemeinen Geschäftsbedingungen.

2 Als solche umschreiben sie nicht generell die Rechte und Pflichten der Parteien eines Architekten- und Ingenieurvertrages. Der Wortlaut von Art. 1.1 übersteigt somit die wahre Bedeutung der LHO. Er bedarf der Einschränkung.

3 Aus sich selbst heraus haben die LHO keine Geltungskraft. Mit Recht hat der SIA daher – im Gegensatz zu den alten Honorarord-

nungen – auf eine Bestimmung über das Inkrafttreten der LHO verzichtet.

4 Auf ein konkretes Vertragsverhältnis finden die LHO nur Anwendung, wenn sie von den Parteien zum Vertragsinhalt gemacht und als
anwendbar erklärt werden. Die Parteien müssen ihre Geltung also
vereinbaren.

5 Wie für den Abschluss des Architekten- und Ingenieurvertrages an
sich (vgl. unten zu Art. 1.3), ist auch für die Wahl der LHO keine besondere Form vorgeschrieben. Es gilt das Prinzip der Formfreiheit
(Art. 11 OR).

6 Im Regelfall werden die Parteien den Vertrag schriftlich abschliessen
und in der gleichen Urkunde auch die LHO als anwendbar erklären.
Dies ist allein schon aus Beweisgründen zu empfehlen, denn im
Streitfall hat diejenige Partei, welche sich auf die LHO berufen will,
die Anwendungsvereinbarung zu beweisen (Art. 8 ZGB). Grundsätzlich ist aber auch eine mündliche Vereinbarung gültig. In Ausnahme-
fällen wird man sogar aus dem Verhalten der Parteien auf die Anwendung der LHO schliessen können, obwohl eine ausdrückliche
Parteierklärung darüber fehlt. Eine derartige Ausnahmesituation darf
aber nur mit grösster Zurückhaltung angenommen werden. Sie könnte z. B. dann gegeben sein, wenn zwei Parteien ohne weitere Erklärung einen neuen Vertrag abschliessen, nachdem sie schon wieder-
holt Verträge auf der Basis der LHO abgewickelt haben.

7 Jedenfalls ist festzuhalten, dass die blosse Mitgliedschaft eines Architekten oder Ingenieurs im SIA (oder in einem andern Verband, welcher die LHO anerkannt hat) für die Anwendung dieser Ordnungen
nicht genügt. Es bedarf auch hier der Vereinbarung (vgl. oben
N. 4 ff.).

8 Häufig ist der Fall, dass der Architekt oder Ingenieur dem Bauherrn
(Auftraggeber) eine vorbereitete, auf die LHO abgestützte Vertragsurkunde zur Unterzeichnung zukommen lässt. Diese wird dann nicht
unterschrieben. Der Auftraggeber opponiert aber auch nicht gegen
die Anwendung der LHO. Der Architekt oder Ingenieur beginnt mit
seiner Arbeit, welche vom Bauherrn widerspruchslos entgegenge-

nommen wird. Ob in diesem Fall die massgebende LHO zur Anwendung kommt oder nicht, ist nach Treu und Glauben anhand der gesamten konkreten Umstände zu beurteilen. Im Regelfall wird die LHO hier anwendbar sein.

9 Wird eine LHO im Vertragstext als anwendbar erklärt, so gilt diese Ordnung grundsätzlich auch dann, wenn sie von einer Partei gar nicht gelesen worden ist (BGE 109 II 456, 108 II 418). Wer einen derartigen globalen Verweis unterschreibt, ist in gleicher Weise gebunden, wie wenn er die LHO selber unterzeichnet hätte.

10 Bei einer derartigen Globalübernahme der LHO gilt aber die *Ungewöhnlichkeitsregel.* Darnach sind «von der pauschalen Zustimmung zu allgemeinen Geschäftsbedingungen alle ungewöhnlichen Klauseln ausgenommen, insbesondere solche, deren Inhalt von dem abweicht, was vernünftigerweise erwartet werden darf» (BGE 109 II 456). Auf diese Ungewöhnlichkeitsregel kann sich aber nur die schwache oder unerfahrene Partei berufen (also z. B. der private Bauherr, welcher einmal in seinem Leben baut). Die Ungewöhnlichkeitsregel gilt dagegen nicht für Branchenkenner und Spezialisten (z. B. für öffentliche Bauverwaltungen, Bauabteilungen von Grossunternehmen, Generalunternehmungen usw.). Da diese Regel aber eine gewisse Gefahr für die Rechtssicherheit beinhaltet, empfiehlt es sich für den Architekten oder Ingenieur, dem Auftraggeber die ganzen LHO auszuhändigen und sich für diese Übergabe den Beweis zu sichern.

11 Wie bei allen Vertragstexten kommt bei den LHO zudem die *Unklarheitsregel* zum Spielen: Eine unklare Vertragsbestimmung wird im Zweifel zulasten derjenigen Partei interpretiert, welche den Vertragstext formuliert oder die entsprechenden allgemeinen Geschäftsbedingungen für die Anwendung vorgeschlagen hat. Im Bereich der LHO wirkt sich daher die Unklarheitsregel üblicherweise zulasten der Architekten und Ingenieure aus.

12 Da es sich bei den LHO um allgemeine Geschäftsbedingungen handelt, gilt immer diejenige Fassung, auf welche der vereinbarte Vertrag verweist. Verwendet z. B. ein Architekt das alte Vertragsformular 02, so gilt die dort erwähnte alte Ordnung SIA 102 für Arbeiten und Honorare der Architekten und nicht die neue LHO.

50

13 Ebenso gilt diejenige sprachliche Fassung der LHO, auf welche der
Vertrag verweist. Normalerweise ist dies die LHO-Ausgabe in derjenigen Sprache, in welcher der Vertragstext formuliert ist. Im Streitfall
darf die Interpretation des Vertragsinhaltes auch nur bei dieser Fassung ansetzen. Es besteht hier ein wesentlicher Unterschied zur Auslegung der Bundesgesetze, welche bekanntlich von drei gleichwerti-
gen Sprachfassungen ausgeht. Diese Differenz ergibt sich aus der Tatsache, dass die LHO eben keine Gesetzesnormen, sondern nur Ver-
tragsvorschläge sind.

14 Aus dem gleichen Grund ist es natürlich möglich und zulässig, nur
Teile der LHO zu übernehmen und zum Vertragsinhalt zu erklären,
bzw. einzelne LHO-Bestimmungen abzuändern. Derartige Eingriffe
in das System der LHO müssen aber gut überlegt werden, da die Ordnung ein einheitliches und ausgewogenes Ganzes darstellt, das durch
jeden Eingriff aus dem Gleichgewicht gebracht werden kann. Dabei
setzen einzelne Bestimmungen andere voraus, so dass die eine nicht
ohne die andere zur Anwendung gebracht werden kann: z. B. setzen
die Vorschriften und Ansätze für den Kosten- und Volumentarif
(Art. 7 bis 9 LHO) den Leistungsbeschrieb (Art. 4 LHO) und die
Abgrenzungen von den nichtenthaltenen Kostenpositionen (Art. 5.5
bis 5.7 LHO) notwendig voraus. Hier ist ein Eingriff rechtlich zwar
gestattet, sachlich aber nicht sinnvoll.

15 Wird eine LHO während der Dauer des Vertragsverhältnisses geän-
dert, so bleibt unter Vorbehalt einer gegenteiligen Einigung der Parteien die alte Fassung als Vertragsbestandteil in Kraft. Auch hier
wird erkennbar, dass die LHO nur den Charakter von allgemeinen
Geschäftsbedingungen und nicht denjenigen eines Rechtserlasses hat.

16 Selbstverständlich können aber die Parteien im Vertragstext zum
voraus vereinbaren, dass allfällige LHO-Anpassungen für ihr Vertragsverhältnis anwendbar seien. An eine derartige Vereinbarung
werden aber sicher strenge Anforderungen gestellt werden. Sie muss
daher im Vertragstext deutlich hervorgehoben werden.

17 Insbesondere ist es möglich, im Vertrag fest zu vereinbaren, dass die
jährlich angepassten SIA-Honoraransätze ohne weiteres oder nach
einer entsprechenden Mitteilung, allenfalls mit einer Karenzfrist, auf

das Vertragsverhältnis angewandt würden. Es ist hier auf die entsprechenden Bestimmungen der einzelnen LHO zu verweisen (Art. 6.4, 8.2 und 9.3 LHO 102; Art. 6.4 und 7.3 LHO 103; Art. 6.4 und 7.2 LHO 108), welche generell auf eine derartige Vereinbarung hinweisen. Diese LHO-Bestimmungen schliessen nicht aus, dass die entsprechende Einigung bereits im voraus erzielt wird.

18 Den Begriff «Aufträge» an Architekten und Ingenieure fasst die vorliegende Bestimmung nicht technisch als Auftrag im Sinne von Art. 394 OR. Sie folgt vielmehr dem üblichen Sprachgebrauch, welcher für eigentliche Aufträge und Bestellungen nach Werkvertragsrecht ohne Differenzierung den Begriff «Auftrag» anwendet. Die LHO will und kann keine rechtliche Qualifikation des Vertragsverhältnisses vornehmen. Dies gilt um so mehr, als die Honorarordnungsrevision in der Zeit vorbereitet wurde, in welcher die Qualifikation des Architekten- und Ingenieurvertrages aufgrund der schwankenden Bundesgerichtspraxis unklar war (vgl. vorne Allg. Teil Ziff. 1/A/c). Dieser Unsicherheit war sich der SIA bewusst. Es kann in diesem Zusammenhang auch auf Art. 1.14 (vgl. unten) verwiesen werden.

19 Grundsätzlich baut die LHO aber auf der Annahme auf, der Architekten- und Ingenieurvertrag werde vom Bundesgericht im wesentlichen als Auftrag verstanden. Dies ist richtig. Es wird auf die entsprechenden Ausführungen im Allgemeinen Teil (vgl. vorne) verwiesen.

B. Zu Artikel 1.1.2

20 Die in diesem Artikel erwähnte Honorierung des Architekten oder Ingenieurs entspricht der Vergütung, welche in Art. 394 Abs. 3 OR erwähnt wird. Es geht um das Entgelt für die Dienstleistung, welche der Architekt oder Ingenieur erbringt. Diese Honorierung ist vom Auslagen- und Verwendungsersatz zu unterscheiden, welcher in Art. 402 OR gesondert vorgesehen ist. Dieser Ersatz der Vermögensaufwendungen des Beauftragten ist auch bei den unentgeltlichen Aufträgen geschuldet. Bei den entgeltlichen Aufträgen tritt er kumulativ neben die Vergütung (das Honorar). In der LHO entspricht er der Unterscheidung zwischen Honorar und Nebenkosten, welche in den Honoraren nicht enthalten und daher besonders zu vergüten sind (Art. 5.5 LHO 102, 103 und 108).

21 Die Bestimmung von Art. 1.1.2 LHO spricht lediglich von der Honorierung (Vergütung) im Sinne von Art. 394 Abs. 3 OR, nicht vom
Auslagen- und Verwendungsersatz. Gemäss der gesetzlichen Regelung (Art. 402 OR) sind nämlich die Vermögensaufwendungen nicht
nur angemessen, sondern immer voll zu ersetzen.

22 Selbstverständlich hindert aber weder das Gesetz noch die LHO die
Vertragsparteien daran, eine pauschale Honorierung zu vereinbaren,
welche auch den Auslagen- und Verwendungsersatz mitumfasst. Eine
solche Abweichung von der generellen Regelung setzt aber eine spezielle Willenseinigung voraus. Gelingt der Beweis für eine derartige
besondere Vereinbarung nicht, bleibt es bei der zusätzlichen Entschädigung der Aufwendungen.

23 Die Architekten- und Ingenieurdienstleistungen werden grundsätzlich entgeltlich, also gegen Honorar erbracht. Dieser Honoraranspruch muss nicht besonders vereinbart werden, denn er ist üblich
und gilt daher nach Art. 394 Abs. 3 OR ohne weiteres. Dies gilt insbesondere dann, wenn der Architekt oder Ingenieur selbständiger-
werbend ist und seine Arbeit gewerbsmässig leistet. In all diesen Fällen muss ein allfälliger Honorarverzicht – welcher natürlich möglich
ist – und nicht der Honoraranspruch speziell vereinbart werden. Im
Streitfall hat also der Auftraggeber die Unentgeltlichkeit zu beweisen.
Im Zweifel ist zugunsten des Honoraranspruchs zu entscheiden.

24 Da der Werkvertrag nach Art. 363 OR immer entgeltlich ist, gilt in
bezug auf den grundsätzlichen Honoraranspruch das gleiche, wenn
und soweit auf das Vertragsverhältnis das Werkvertragsrecht anwendbar ist.

25 Das Obligationenrecht enthält weder für das Auftragsrecht noch für
das Werkvertragsrecht eine inhaltliche Honorarregelung oder gar
einen Honoraransatz. Im Streitfall müsste daher der Richter das
massgebliche Honorar festsetzen. Die LHO schafft in diesem Punkt
Klarheit, indem sie eine klare Honorarordnung aufstellt. Dabei ist zu
beachten, dass die Bestimmungen über die Honorierung nicht isoliert
von den übrigen Bestimmungen der LHO, insbesondere nicht abge-
trennt von den Vorschriften über die Leistungen des Architekten
oder Ingenieurs betrachtet werden dürfen. Ohne diesen Leistungsbe-

schrieb fehlt den Honorierungsnormen der materielle Bezugspunkt. Für sich genommen bleiben sie leere Floskeln. In Anbetracht dieses zwingenden Sachzusammenhangs müssen daher die Leistungsbestimmungen und die allgemeinen Honorierungsgrundsätze als mitvereinbart gelten, wenn in einem Vertrag – wie dies ab und zu geschieht – ausdrücklich nur bestimmte Tarifvorschriften und ein entsprechender Tarifansatz als anwendbar erklärt werden. Auf diesen Sachzusammenhang verweist auch Art. 1.12 LHO (vgl. unten N. 3 zu Art. 1.12).

26 Tatsächlich können die Honoraransätze der LHO als objektiv ausgewogen und angemessen angesehen werden. Zwar könnte der Verdacht aufkommen, der SIA würde bei den Honoraransätzen einseitig die Interessen seiner Mitglieder an möglichst hohen Vergütungen wahrnehmen. Nun ist der SIA aber gar kein Standesverband der selbständigerwerbenden Architekten und Ingenieure, sondern vielmehr ein Fachverband, dessen Mitglieder in verschiedensten beruflichen Positionen tätig und sehr häufig auf der Bauherrenseite engagiert sind. Allein schon deswegen konnte bei der Ausarbeitung der LHO offensichtlich keine einseitige Standesoptik zur Anwendung kommen. Darüber hinaus haben bei den Revisionsarbeiten verschiedene Vertreter privater und öffentlicher Bauherren massgebend mitgewirkt. Die Honoraransätze sind daher weitgehend paritätisch erarbeitet worden.

27 Gleichwohl kann heute nicht gesagt werden, die Honoraransätze der LHO würden das allgemein übliche Vergütungsmass wiedergeben. Vielmehr ist die Tatsache zu berücksichtigen, dass häufig zu tieferen Ansätzen gearbeitet bzw. erhebliche Rabatte gewährt werden. Das durchschnittliche Honorarniveau dürfte daher unterhalb der LHO-Ansätze liegen.

28 Dabei ist aber kritisch zu beachten, dass sich das Honorar-/Leistungsverhältnis bei einem Architektur- oder Ingenieurauftrag nur sehr schwer definieren lässt. Zwar kann das Honorar als Dienstleistungspreis exakt angegeben werden. Die vom Beauftragten zu erbringende oder erbrachte Leistung dagegen lässt sich nur äusserlich und formal umschreiben, wogegen die innere Leistungsdichte äusserst schwer bestimmbar und kontrollierbar ist. Die Teilleistung

«Bauprojekt» (Art. 4.2.1 LHO 102) lässt sich z. B. formal klar definieren. Das damit verbundene innere Engagement des Beauftragten
aber, das konzentrierte Suchen nach optimalen Lösungen ist nur
schwer oder überhaupt nicht erfassbar. Genau in dieser inneren
Komponente der Leistungsdichte liegt aber das Entscheidende. Diese
Schwierigkeit, die Leistungsdichte zu erfassen, besteht bei allen Teilleistungen. Besonders kritisch ist sie bei der «Analyse der Angebo-
te/Vergebungsanträge» (Art. 4.3.3 LHO 102), der «Bauleitung» (Art.
4.4.4 LHO 102) und bei den entsprechenden Teilleistungen der
andern LHO. Erst wenn die Gewissheit besteht, dass die von der SIA-
Ordnung vorausgesetzte Leistungsdichte auch erreicht wird, kann gesagt werden, ein tieferes Angebot sei günstiger als die LHO-Ansätze.

1.2 Anwendbares Recht und Rangordnung

.1 Für das Rechtsverhältnis zwischen den Vertragsparteien sind massgebend:
- der abgeschlossene Vertrag
- die vorliegende Ordnung, soweit sie von den Parteien als anwendbar erklärt wird
- das Schweizerische Recht

.2 Vorbehältlich der zwingenden Bestimmungen des Schweizerischen Rechts ist diese Reihenfolge auch massgebend für den Fall, dass sich einzelne Bestimmungen widersprechen sollten.

Droit applicable et ordre de priorité

.1 Les rapports de droit entre les parties sont régis par:
- le contrat qu'elles ont passé,
- le présent règlement, pour autant que les parties soient convenues de l'appliquer,
- le droit suisse.

.2 Sous réserve des dispositions impératives du droit suisse, cet ordre de priorité est aussi déterminant en cas de contradiction sur des points particuliers entre ces diverses sources.

Diritto applicabile e ordine di priorità

.1 Sono determinanti per i rapporti di diritto fra le parti contraenti:
- il contratto stipulato
- il presente regolamento, se le parti ne hanno convenuta l'applicazione
- il diritto svizzero.

.2 Riservate le disposizioni imperative del diritto svizzero, quest'ordine di priorità è determinante anche nel caso di contraddizione fra le singole disposizioni.

A. Zu Artikel 1.2.1

1 In erster Linie ist auf das Vertragsverhältnis der Parteien das schweizerische Recht, vorab das Obligationenrecht anwendbar. Die in der LHO gewählte Reihenfolge ist daher irreführend. Die LHO-Darstellung steht im Zusammenhang mit der materiell richtigen Interpretationsregel von Art. 1.2.2 (vgl. unten N. 7 ff.).

2 Das schweizerische Recht ist jedenfalls dann automatisch anwendbar, wenn keine Auslandbeziehungen bestehen. Liegen dagegen in irgendeiner Form internationale Verhältnisse vor (Beteiligung ausländischer Parteien, im Ausland zu erfüllende Dienstleistungen oder ähnliche internationale Verknüpfungen), so stellt diese Bestimmung eine Rechtswahl dar, welche die sonst notwendigen international privatrechtlichen Abklärungen überflüssig macht. Das schweizerische Recht ist auch dann anwendbar, wenn die IPR-Regeln an sich auf eine ausländische Rechtsordnung verweisen würden. Eine solche Rechtswahl ist zulässig.

3 Da das schweizerische Obligationenrecht aber vom Prinzip der Vertragsfreiheit geprägt ist (Art. 19 Abs. 1 OR), sind – unter Vorbehalt der zwingenden Vorschriften (vgl. unten N. 11) – Verträge zulässig, welche von den gesetzlichen Vorschriften abweichen (Art. 19 Abs. 2 OR). Die im Obligationenrecht enthaltenen Regelungen sind normalerweise nur dispositives, abänderbares Recht.

4 In diesem Sinne ist es richtig, dass das Verhältnis der Parteien in erster Linie durch den abgeschlossenen Vertrag bestimmt wird.

5 Der Inhalt dieses Vertrages wird durch zwei Komponenten gebildet: Einerseits durch die Vereinbarungen, welche die Parteien im konkreten Fall treffen. Gemeint sind damit in erster Linie alle Klauseln des eigentlichen Vertragsdokumentes. Es können aber auch (soweit sie beweisbar sind) mündliche oder stillschweigende Vereinbarungen sein. Dies folgt aus dem Prinzip der Formfreiheit (Art. 11 Abs. 1 OR). Andererseits sind auch die Regelungen der LHO Vertragsbestandteil, wenn und soweit die LHO als anwendbar erklärt worden sind (vgl. N. 4 ff. zu Art. 1.1).

6   Die LHO ist also entweder als Vertragsbestandteil oder dann über-
    haupt nicht anwendbar. Die besondere Erwähnung im vorliegenden
    Artikel hat nur im Hinblick auf die Interpretationsregel von Art.
    1.2.2 (vgl. unten N. 7 ff.) Bedeutung.

B. Zu Artikel 1.2.2

7   Diese Vorschrift stellt eine Interpretationsregel dar. Ihr Inhalt ist an
    sich selbstverständlich.

8   In erster Linie gelten die konkreten Vereinbarungen der Parteien.
    Wie bereits erwähnt, können diese in irgendeiner Form getroffen
    worden sein; es bleibt lediglich das Beweisproblem.

9   Wird ein vorformuliertes Vertragsformular (z. B. Formular SIA 1002,
    1003 oder 1008) verwendet, so gehen spezielle Vereinbarungen, wel-
    che die Parteien im konkreten Fall treffen, dem vorgedruckten Text
    vor. Es muss angenommen werden, dass diese besonderen Vereinba-
    rungen den Parteien näher stehen als die vorgegebenen Formeln. So-
    weit die Parteien keine nachweisbaren abweichenden Regelungen ge-
    troffen haben, gilt die als anwendbar erklärte LHO (vgl. oben N. 4 zu
    Art. 1.1).

10 Erst dann, wenn weder dem konkreten Vertrag noch der LHO eine
    Regelung entnommen werden kann, kommen subsidiär die Vor-
    schriften des Obligationenrechts zur Anwendung. Da die LHO sehr
    umfassend ist, wird das dispositive staatliche Recht weitgehend ver-
    drängt.

11 Selbstverständlich gehen aber die zwingenden staatlichen Vorschrif-
    ten sowohl den speziellen Vertragsvereinbarungen als auch der LHO
    vor. Dies entspricht der Vorschrift von Art. 19 Abs. 2 OR. Das
    schweizerische Recht sagt aber – abgesehen von hier nicht interessie-
    renden Ausnahmen (z. B. im Arbeitsvertrags- und Mietrecht) – nichts
    darüber aus, welche Vorschriften unabänderlich sind. Es ist daher
    eine von der Gerichtspraxis zu entscheidende Frage, ob eine be-
    stimmte Norm zwingenden Charakter habe oder nicht. Für den

Architekten- und Ingenieurvertrag ist nun gerade die Diskussion von Bedeutung, ob Art. 394 Abs. 2 und 404 Abs. 1 OR zwingend seien oder nicht. Es wird auf das vorne Gesagte (vgl. Allg. Teil Ziff. 1/B/b) verwiesen.

12 Abgesehen von diesen beiden umstrittenen Normen von Art. 394 Abs. 2 und 404 Abs. 1 OR besteht aber Einigkeit darüber, dass die Vorschriften des Auftrags- und Werkvertragsrechts dispositiver Natur sind und daher abgeändert werden können.

13 Aus Art. 19 Abs. 2 OR ergibt sich aber eindeutig, dass die öffentliche Ordnung, die guten Sitten und das Recht der Persönlichkeit zusätzliche Grenzen der Vertragsfreiheit markieren. Diese Grenzen sind vom Gesetz bewusst flexibel gestaltet worden. Sie lassen sich daher nicht eindeutig und klar ziehen. Sicher sind Bestimmungen unzulässig, welche auf ein rechtswidriges Verhalten irgendwelcher Art abzielen (z. B. Verstoss gegen das Bau-, Planungs- und Umweltschutzrecht usw.). Auf dem Hintergrund der generellen Vertragsfreiheit sind aber die Begriffe «öffentliche Ordnung» und «gute Sitten» eher zurückhaltend zu interpretieren. Im Zweifel ist zugunsten der Vertragsfreiheit zu entscheiden.

14 Eher von Bedeutung ist das Verbot der übermässigen Einschränkung der Persönlichkeitsrechte einer Partei, welches sich auf Art. 27 ZGB abstützt. Diese Norm verbietet Vertragsvereinbarungen, welche die persönliche Freiheit eines Vertragspartners praktisch aushöhlen würden. Diese Bestimmung bekommt insbesondere dann Gewicht, wenn man die Vorschrift von Art. 404 Abs. 1 OR – wie vorne dargelegt (vgl. Allg. Teil Ziff. 1/B/b) – richtigerweise nicht mehr als zwingend ansieht.

15 Sind einzelne Vertragsbestandteile wegen eines Verstosses gegen Art. 19 Abs. 2 OR nichtig, so wird deswegen normalerweise nicht der ganze Vertrag aufgehoben (Art. 20 Abs. 2 OR). An die Stelle der unverbindlichen Vertragsbestimmungen treten lediglich die dispositiven Gesetzesnormen. Muss aber ausnahmsweise angenommen werden, die Parteien hätten den Vertrag ohne die nichtige Bestimmung überhaupt nicht abgeschlossen, so fällt der ganze Vertrag dahin (Art. 20 Abs. 2 OR).

16 Bei der Interpretation des Vertrages und der LHO gelten die Unklarheitsregel (vgl. vorne N. 11 zu Art. 1.1) und die Ungewöhnlichkeitsregel (vgl. vorne N. 10 zu Art. 1.1).

17 Gelegentlich wird in Vertragsdokumenten einerseits auf die massgebende SIA-Ordnung und andererseits auf andere allgemeine Geschäftsbedingungen verwiesen. Es ist dann möglich, dass zwischen
den verschiedenen vorformulierten Vertragstexten Widersprüche bestehen. Sofern im Vertragstext für diesen Fall keine klare Rangord-
nung vereinbart worden ist, welche die vorhandenen Differenzen
klärt, hat keine der zur Anwendung gebrachten allgemeinen Geschäftsbedingungen den Vorrang. Vielmehr muss in dieser Situation
davon ausgegangen werden, zwischen den Parteien sei über den fraglichen Punkt keine Einigung zustandegekommen. Mangels einer Ver-
tragsvereinbarung gilt dann in diesem Punkt das dispositive staatliche
Recht.

1.3   Abschluss des Vertrages

.1 Der Vertrag wird schriftlich, mündlich oder durch ent-
sprechendes Handeln abgeschlossen.

.2 Die Ausfertigung einer schriftlichen Vertragsurkunde
wird empfohlen.

Conclusion du contrat

.1 Le contrat peut être passé sous
forme écrite ou orale, ou encore
par actes concluants.

.2 Il est recommandé de donner la
forme écrite au contrat.

Stipulazione del contratto

.1 Il contratto può essere stipulato
in forma scritta, orale o con altro
atto conforme.

.2 Si raccomanda la stesura di un
contratto in forma scritta.

A. Zu Artikel 1.3.1

1 Diese LHO-Bestimmung entspricht den Vorschriften von Art. 1 und
11 OR.

2 Diese Regelung gilt aber nicht nur für den Abschluss des Vertrages,
sondern auch für eine spätere Abänderung oder Ergänzung. Auch
diese Abweichungen vom ursprünglichen Vertragsinhalt können
schriftlich, mündlich oder durch konkludentes Handeln vorgenommen werden.

3 Das Prinzip der Formlosigkeit gilt insbesondere auch überall dort,
wo die LHO selber spezielle Vereinbarungen verlangt (z. B. Anpassung an die geänderten Honorartarife, Reisekostenentschädigungen
usw.).

4 In allen Fällen können die Parteien aber grundsätzlich übereinkommen, dass zwischen ihnen nur schriftliche Vereinbarungen gelten sollen. In diesem Fall muss die Schriftform eingehalten werden (Art. 16 OR).

B. Zu Artikel 1.3.2

5 Gemäss Art. 8 ZGB hat diejenige Partei, welche aus einer bestimmten Tatsache Rechte ableiten will, deren Vorhandensein nachzuweisen. Gelingt dieser Nachweis nicht, so wird zu ihren Ungunsten entschieden.

6 Im Prozessfall können beide Parteien darauf angewiesen sein, den Vertragsinhalt nachweisen zu können. Die Empfehlung der LHO, welche auf die Beweislastregelung Rücksicht nimmt, ist daher sehr zu begrüssen.

7 Eine einheitliche, von allen Parteien unterschriebene Vertragsurkunde hat beweistechnisch sicher den Vorrang.

8 Allerdings können auch andere Dokumente, z. B. unwidersprochene Bestätigungsschreiben, beweistechnisch nützlich sein.

1.4   Pflichten und Befugnisse des Architekten

.1 Der Architekt wahrt die Interessen des Auftraggebers nach bestem Wissen und Können und unter Beachtung des allgemein anerkannten Wissensstandes seines Fachgebietes.

.2 Der Architekt nimmt von Dritten, wie Unternehmern und Lieferanten, keine persönlichen Vergünstigungen entgegen. Kenntnisse aus der Auftragsbearbeitung behandelt er vertraulich und verwendet sie nicht zum Nachteil des Auftraggebers.

.3 Inhalt und Umfang der Vertretungsbefugnisse des Architekten richten sich nach dem Vertrag.
Im Zweifelsfall hat der Architekt die Weisung des Auftraggebers einzuholen für alle rechtsgeschäftlichen Vorkehren sowie Anordnungen, die terminlich, qualitativ oder finanziell wesentlich sind.
Gegenüber Dritten, wie Behörden, Unternehmern, Lieferanten und weiteren Beauftragten, vertritt der Architekt den Auftraggeber rechtsverbindlich, soweit es sich um Tätigkeiten handelt, die mit der Auftragserledigung üblicherweise direkt zusammenhängen.

.4 Der Architekt hat den Auftraggeber auf Folgen seiner Weisungen, insbesondere hinsichtlich Terminen, Qualität und Kosten aufmerksam zu machen und von unzweckmässigen Anordnungen oder Begehren abzumahnen. Beharrt der Auftraggeber trotz Abmahnung auf seiner Forderung, ist der Architekt für deren Folgen nicht verantwortlich.

1.4 .5 Der Architekt ist befugt, für die Erfüllung seiner vertraglichen Pflichten geeignete Hilfspersonen beizuziehen. Für deren Tätigkeit ist er verantwortlich.

Devoirs et pouvoirs de l'architecte

.1 L'architecte servira les intérêts de son mandant au mieux de sa conscience et en faisant appel à tout son savoir. Il tiendra compte de l'état généralement reconnu des connaissances propres à sa profession.

.2 L'architecte n'acceptera aucun avantage personnel de la part de tiers, tels les entrepreneurs ou les fournisseurs. Il considéra les informations reçues dans l'accomplissement de son mandat comme confidentielles et ne les utilisera pas au détriment du mandant.

.3 Le pouvoir de représentation de l'architecte découle du contrat. En cas de doute, l'architecte devra requérir les instructions de son mandant avant de prendre des dispositions ayant une portée juridique ou de donner des ordres susceptibles d'avoir des répercussions importantes sur les délais, la qualité ou les coûts. Il représente valablement le mandant vis-à-vis de tiers tels que les pouvoirs publics, les entrepreneurs, les fournisseurs et les autres mandataires, dans la mesure où il s'agit d'activités relevant directement de l'accomplissement usuel du mandat.

Obblighi e facoltà dell'architetto

.1 L'architetto tutela gli interessi del committente secondo scienza e coscienza tenendo conto del livello scientifico raggiunto dalla sua professione, generalmente riconosciuto.

.2 L'architetto non deve accettare alcun vantaggio personale da terzi, come imprenditori e fornitori. Egli considera confidenziale le cognizioni derivanti dall'adempimento del mandato e non le deve utilizzare a scapito del committente.

.3 Il contratto determina il contenuto ed i limiti delle facoltà di rappresentanza dell'architetto. In caso di dubbio l'architetto deve richiedere istruzioni al committente per iniziative di natura giuridico-commerciale e per disposizioni essenziali su scadenze, qualità e costi. L'architetto rappresenta di diritto il committente verso terzi, come autorità, imprenditori, fornitori e altri incaricati, presupposto che si tratti di attività legate direttamente all'adempimento del suo mandato.

1.4

.4 L'architecte attirera l'attention du mandant sur les conséquences des instructions données par celui-ci, en particulier en ce qui concerne les délais, la qualité et les couts. Il s'efforcera de la dissuader de prendre des dispositions inadéquates ou de formuler des exigences peu judicieuses. Si le mandant maintient néanmoins de telles exigences l'architecte sera libéré de toute responsabilité quant à leurs conséquences.

.5 L'architecte a la faculté de recourir à des auxiliaires qualifiés, mais il est responsable de leur activité.

.4 L'architetto deve rendere attento il committente sulle conseguenze delle sue disposizioni soprattutto su scadenze, qualità e costi, e dissuaderlo dal prendere disposizioni o formulare esigenze inadeguate. Se il committente persiste nelle sue pretese, l'architetto è liberato da qualsiasi responsabilità per le conseguenze che ne derivano.

.5 L'architetto è autorizzato, nell'adempimento dei suoi obblighi contrattuali, a ricorrere a personale ausiliare adeguato. Egli è responsabile della sua attività.

A. Zu Artikel 1.4.1

1 Soweit die LHO hier vom «Auftraggeber» spricht, will sie auch mit dieser Bestimmung nicht behaupten, das Architekten- und Ingenieurverhältnis stelle im streng juristischen Sinn einen Auftrag nach Art. 394 ff. OR dar (vgl. N. 18 zu Art. 1.1). Sie folgt lediglich dem allgemeinen Sprachgebrauch, der nach Art. 18 OR nicht entscheidend ist.

2 Trotzdem weist die Pflicht, sich nach bestem Wissen und Können für die Interessen des Auftraggebers einzusetzen, klar darauf hin, dass ein echtes Auftragsverhältnis im Sinne von Art. 394 ff. OR vorliegt. Diese Definition der Vertragspflicht des Architekten oder Ingenieurs entspricht genau der Umschreibung, welche nach dem schweizerischen Obligationenrecht für die Pflichten des Beauftragten gilt (Guhl/Merz/Kummer, Das Schweizerische Obligationenrecht, S. 461).

3 Insbesondere ist festzuhalten, dass der Architekt oder Ingenieur nach dieser klaren Bestimmung dem Auftraggeber keinen bestimmten Er-

folg, sondern nur optimalen Einsatz verspricht. Dieses Versprechen grenzt meines Erachtens das Architekten- und Ingenieurverhältnis in allen Fällen von einem Werkvertrag im Sinne von Art. 363 ff. OR ab. Es wird auf den allgemeinen Teil verwiesen.

4 Die *Interessen des Auftraggebers* müssen im konkreten Einzelfall nach Treu und Glauben bestimmt und berücksichtigt werden. In erster Linie bestimmt natürlich der Auftraggeber, was in seinen Interessen liegt. Der Architekt oder Ingenieur ist grundsätzlich verpflichtet, diese Vorstellungen und Wünsche des Auftraggebers zu respektieren. Er muss sich dem Willen seines Auftraggebers unterordnen. Er darf seine eigenen Ideen und Wünsche denjenigen des Auftraggebers nicht vorziehen. Diese Regelung entspricht der klaren Gesetzesvorschrift von Art. 397 OR, wonach der Beauftragte nicht von den Vorschriften abweichen darf, welche ihm der Auftraggeber gegeben hat.

5 Diese Unterordnung hat aber ihre klaren Grenzen. Der Architekt oder Ingenieur darf nicht einfach blind die Anordnungen des Bauherrn befolgen.

6 Der Beauftragte muss in allen Fällen prüfen, ob der Auftraggeber die nötige Sachkenntnis und die notwendigen Informationen hat, um in einem bestimmten Punkt eine konkrete Weisung zu geben. Auch diese Einschränkung ergibt sich aus Art. 397 Abs. 1 OR. Hat der Architekt oder Ingenieur Zweifel, so muss er sich rückversichern und die Angelegenheit mit dem Auftraggeber diskutieren. Insbesondere hat er dem Auftraggeber allenfalls fehlende Informationen zu geben. Er hat zu prüfen, ob sich der Auftraggeber über die Bedeutung und Tragweite seiner Weisung im klaren war. Diese Pflicht des Beauftragten gilt um so strenger, je unerfahrener der Bauherr ist.

7 Ausser in Notfällen darf der Beauftragte aber eine Weisung des Auftraggebers, die er selber als unvernünftig erachtet, nicht einfach übergehen. Der Auftraggeber hat das Recht, unvernünftige Weisungen zu geben, wenn er dies wünscht. Das Gesetz und die LHO zwingen den Beauftragten nur, den wirklichen Willen des Auftraggebers festzustellen.

66

8 Diese Interessen des Auftraggebers hat der Architekt oder Ingenieur zunächst *nach bestem Wissen und Können* zu wahren. Diese Formulierung verweist auf die individuellen Fähigkeiten des konkreten Architekten oder Ingenieurs, welche auf seinem Talent, seiner Ausbildung und seiner Erfahrung beruhen. Diese eigenen Fähigkeiten muss der Architekt oder Ingenieur optimal einsetzen. Massgebend sind also nicht etwa das Wissen und Können eines abstrakten «Idealfachmannes», welcher so ist, wie man sich theoretisch einen Architekten oder Ingenieur wünscht. Dies ergibt sich unmissverständlich aus Art. 321 e Abs. 2 OR. In Art. 398 Abs. 1 OR wird auf diese Bestimmung des Arbeitsvertragsrechts ausdrücklich verwiesen. Für den Auftraggeber bedeutet dies, dass er bei der Vergabe des Auftrages kritisch auf die Fähigkeiten und Erfahrungen des Architekten oder Ingenieurs achten muss. Mit der Wahl des Beauftragten übernimmt der Auftraggeber das Risiko, dass der von ihm Beauftragte subjektiv nicht die optimalen Fähigkeiten haben könnte.

9 Allerdings wendet die Praxis zu Recht einen strengen Massstab an (Guhl/Merz/Kummer, Das Schweizerische Obligationenrecht, S. 461), wenn es um die Beurteilung dieser persönlichen Fähigkeiten eines Architekten oder Ingenieurs geht. Es wird von diesem wirklich erwartet, dass er seine inneren Reserven mobilisiert.

10 Selbstverständlich wird aber vom Beauftragten auch vorausgesetzt, dass er nur Aufträge übernimmt, für deren Erfüllung er nach eigener, selbstkritischer Einschätzung die notwendigen Fähigkeiten und Erfahrung besitzt. Bereits diese erste selbstkritische Analyse des Beauftragten gehört zu den Vertragspflichten im weitesten Sinne. Übernimmt jemand einen Auftrag, den er nach eigenem Wissen und Können zum vorneherein gar nicht erfüllen kann, so spricht man vom *Übernahmeverschulden,* welches seinerseits eine Haftung des Beauftragten auslösen kann. Der Architekt oder Ingenieur kann sich somit nicht seiner Sorgfaltshaftung mit der Behauptung entschlagen, der Auftrag habe ihn von allem Anfang an überfordert, weil ihm die notwendigen Fähigkeiten dazu gefehlt hätten. Beispielsweise kann sich ein Architekt, der selber Aufgaben eines Spezialingenieurs erfüllt, nicht mit dem Hinweis der Verantwortung entziehen, er sei eben kein Spezialist.

11 Daneben verlangt die LHO in Übereinstimmung mit dem Gesetz, der
    Beauftragte habe den *allgemein anerkannten Wissensstand seines
    Fachgebietes* zu beachten. Damit wird neben dem subjektiven Ele-
    ment der Fähigkeiten des Beauftragten ein objektives Element einge-
    fügt. Der Architekt oder Ingenieur muss die Entwicklung auf seinem
    Fachgebiet kennen. Er muss auch die von Dritten gemachten Erfah-
    rungen soweit berücksichtigen, als diese zugänglich sind. Selbstver-
    ständlich dürfen die Anforderungen an diese Kenntnisse nicht über-
    spannt werden. Es kann vom Beauftragten nicht erwartet werden,
    dass er alle Publikationen kennt, welche irgendwo auf der Welt in
    irgendeiner Sprache einmal erschienen sind. Mindestens muss aber
    erwartet werden, dass der Beauftragte die schweizerischen Fachpubli-
    kationen kennt und weiss, was an Weiterbildungstagungen in der
    Schweiz gelehrt wird. Insbesondere muss er natürlich den Inhalt des
    SIA-Normenwerks kennen. Dabei muss er nur diejenigen Lehrmei-
    nungen und Erfahrungen berücksichtigen, welche auf eine gewisse
    allgemeine Anerkennung gestossen sind.

12 Im Streitfall hat der Richter, wahrscheinlich unter Beizug eines
    Experten, diesen allgemein anerkannten Wissensstand nach pflicht-
    gemässem Ermessen zu definieren. Dabei ist derjenige Wissensstand
    zu suchen, der im Zeitpunkt der Auftragserfüllung gegeben war. Die
    seither gemachten Erfahrungen und die in der Zwischenzeit eingetre-
    tenen Entwicklungen müssen ausser acht gelassen werden. Massge-
    bend kann auch nicht der damalige Wissensstand eines Hochschul-
    dozenten oder Forschers, sondern nur derjenige eines guten Prakti-
    kers sein. Hier allerdings sind die Massstäbe eher streng anzulegen.

13 Auch diesem allgemein anerkannten Wissensstand darf der Beauf-
    tragte nicht blind vertrauen. Hat er aufgrund seiner eigenen Fähigkei-
    ten Anlass zu Zweifeln, ob dieses allgemeine Fachwissen noch richtig
    sei, so muss er dieses kritisch überprüfen. Nötigenfalls muss er von
    den Usanzen abweichen. Ein derartiger Schritt muss aber wohl über-
    legt und klar begründbar sein.

14 Wählt der Architekt oder Ingenieur aufgrund gründlicher Überlegun-
    gen ein innovatives Vorgehen (z. B. eine neue Konstruktionsart,
    einen neuartigen Arbeitsablauf oder ein neues Material), so ist er ver-
    pflichtet, den Auftraggeber auf diese Tatsache und die damit verbun-

denen Unsicherheiten und Risiken hinzuweisen. Gerade in diesem Punkt ist es besonders wichtig, dass sich der Architekt oder Ingenieur den Beweis dafür sichert, dass er den Bauherrn diese Information gegeben hat.

15 Zusammengefasst lassen sich die Kriterien der vom Architekten und Ingenieur zu beachtenden Sorgfalt wie folgt umschreiben: Grundlage ist das allgemein anerkannte Fachwissen eines guten und aufgeschlossenen Praktikers. Diese Fachkenntnis muss jeder Architekt und Ingenieur haben. Als objektives Kriterium umschreibt es die Minimalanforderung der Sorgfalt. Darüber hinaus muss der Architekt oder Ingenieur aber auch sein eigenes, individuelles Können und Wissen optimal einsetzen. Dieses subjektive Kriterium bringt somit eine Verschärfung der Sorgfaltspflicht. Niemals wird die ordentliche, branchenübliche Minimalsorgfalt durch mangelhaftes Wissen und Können eines Beauftragten eingeschränkt.

16 Missachtet der Architekt oder Ingenieur diese grundlegende Interessenwahrungs- und Sorgfaltspflicht, so liegt eine *Schlechterfüllung des Vertrages* im Sinne von Art. 97 OR vor. Diese führt einerseits zu einer Kürzung oder gar zum Wegfall des Honoraranspruches (vgl. Bemerkungen zu Art. 1.12 LHO) und zu Haftungsansprüchen des Auftraggebers (vgl. Bemerkungen zu Art. 1.6 LHO). Ferner wirkt sie sich auf Widerruf und Kündigung des Auftragsverhältnisses aus (vgl. Bemerkungen zu Art. 1.14 LHO).

17 Darüber hinaus kann die Sorgfaltspflicht unabhängig von den Abmachungen und Auswirkungen zwischen den Vertragsparteien zu ausservertraglichen Haftungskonsequenzen (haftpflicht-rechtliche Verpflichtungen) im Sinne von Art. 41 ff. OR oder gar zu strafrechtlichen Verurteilungen (z. B. Gefährdung durch Verletzung der Regeln der Baukunde nach Art. 229 StGB, Sachbeschädigung nach Art. 145 StGB, fahrlässige Tötung nach Art. 117 StGB usw.) führen.

B. Zu Artikel 1.4.2

18 Diese Bestimmung regelt die Treuepflicht des Beauftragten näher, die in Art. 398 Abs. 2 OR festgehalten wird. Diese besagt, dass der

Beauftragte die Interessen des Auftraggebers in jeder Hinsicht zu wahren und Kollisionen mit eigenen Interessen oder mit solchen Dritter zu vermeiden hat (Guhl/Merz/Kummer, Das Schweizerische Obligationenrecht, S. 461). Bestandteil dieser Treuepflicht ist auch die Verpflichtung zur Vertraulichkeit und Geheimhaltung.

19 Während die oben beschriebene Sorgfaltspflicht (vgl. Bemerkungen zu Art. 1.4.1 LHO) am technisch-intellektuellen Kriterium des Wissens und Könnens anknüpft, geht es bei der Treuepflicht um die moralisch-ethischen Elemente der Integrität, der Ehrlichkeit und Redlichkeit. Der Beauftragte darf nichts tun, was statt dem Auftraggeber ihm selber oder einem Dritten nützt.

20 Diese Treuepflicht entspricht dem Vertrauen, welches der Auftraggeber (meist ein Laie) dem beauftragten Fachmann entgegenbringen muss und will.

21 Diese gesetzliche Treuepflicht ist sehr umfassend. Sie übersteigt den Inhalt von Art. 1.4.2 LHO bei weitem. Die vorliegende LHO-Bestimmung hat daher nur die Bedeutung einer Erläuterung und Präzisierung. Gegenüber dem Gesetzestext bringt sie nichts Neues.

22 Dem Architekten oder Ingenieur ist es verboten, von Dritten *persönliche Vergünstigungen* anzunehmen. Gemeint sind damit vorab Honorare, Provisionen und Geschenke aller Art. All diese Zuwendungen schaffen die Gefahr, dass der Beauftragte die Interessen des Auftraggebers aus Rücksicht auf den Dritten nicht mehr voll und ganz wahren oder gar die Interessen des Dritten denjenigen des Auftraggebers vorziehen könnte. Da dieser Mechanismus durchaus unbewusst und auch dann spielen kann, wenn der Beauftragte ihn vermeiden möchte, stellt die LHO zu Recht ein bedingungsloses und absolutes Verbot auf, derartige Drittzuwendungen anzunehmen.

23 Erst recht gilt dieses Verbot natürlich für die Annahme von Bestechungsgeldern, mit welchen nicht nur ein treue- und vertragswidriges Verhalten, sondern ein Verstoss gegen allgemeine Rechtsregeln angestrebt wird.

24 Schwieriger als die persönlichen Vergünstigungen in Form eigentlicher Zuwendungen (Geschenke, Provisionen usw.) sind die ebenfalls

verbotenen indirekten Vorteile zu erfassen. Gesetz und LHO verbieten nämlich dem Architekten und Ingenieur auch, sich durch die Zusicherung oder das Inaussichtstellen von Gegengeschäften in ihrer Treuepflicht gegenüber dem Auftraggeber einschränken zu lassen. Die sprichwörtlichen Mechanismen «eine Hand wäscht die andere» oder «ich werde dir auch einen Stein in den Garten werfen» stehen also auch im Widerspruch zur auftragsrechtlichen Treuepflicht. Daran ändert die Tatsache nichts, dass derartige indirekte Vergünstigungen meist nur schwierig nachgewiesen werden können.

25 Schliesslich kann die unerlaubte persönliche Vergünstigung sogar in einem reinen Prestigeerfolg oder in einer persönlichen Anerkennung durch den Dritten bestehen. Besonders sind hier das gute Ansehen bei Behörden und das Wohlwollen einzelner Beamter zu erwähnen, welche im Sinne dieser LHO-Norm durchaus unerlaubte Vergünstigungen sein können.

26 *Dritte* sind alle Personen, welche rechtlich und wirtschaftlich nicht mit dem Auftraggeber identisch sind. Gemäss dem Wortlaut der LHO sind dies vorab Unternehmer und Lieferanten. Es können aber auch Nachbarn, andere Auftragnehmer, Versicherungen, Behörden und Beamte oder politische Organisationen (z. B Quartier- oder Naturschutzvereine) sein. Die Interessen all dieser Dritten muss der Beauftragte voll hinter diejenigen des Auftraggebers zurücktreten lassen. Ist der Beauftragte dazu nicht bereit oder kommt er deswegen in einen unlösbaren Interessenkonflikt, so muss er den Auftrag zurückgeben und das Vertragsverhältnis auflösen. Dieses absolute Verbot der Annahme persönlicher Vergünstigungen von Dritten schliesst aber nicht aus, dass der Beauftragte unter Umständen die Wünsche und Interessen der Dritten bei der Vertragserfüllung mitberücksichtigen muss. Eine derartige Rücksichtnahme kann nämlich durchaus im wohlverstandenen Interesse des Auftraggebers liegen, weil sich so Komplikationen (z. B. Baueinsprachen, Prozesse) vermeiden lassen. Dies ist selbstverständlich zulässig; Massstab ist aber auch hier das Interesse des Auftraggebers.

27 Häufig wird ein Architekt oder Ingenieur im Einverständnis mit dem Auftraggeber von einer Bank beauftragt, das Baukonto treuhänderisch zu verwalten. Obwohl auch diese Auftragskombination (Grund-

auftrag des Bauherrn kombiniert mit einem Folgeauftrag der Bank) nicht unproblematisch ist, ist dagegen unter dem Gesichtspunkt der Treuepflicht grundsätzlich nichts einzuwenden. Dieser zweite Auftrag entfaltet zwar Treuepflichten des Architekten oder Ingenieure gegenüber der Bank, welche ihrerseits die Interessenwahrung zugunsten des Bauherrn einschränkt. Vertragsrechtlich ist dies jedoch zulässig, weil einerseits der Treuhandauftrag im Rahmen des Hauptauftrages und im Interesse des Bauherrn erfolgt, so dass er dem Hauptauftrag praktisch untergeordnet ist. Andererseits ist der Bauherr damit einverstanden.

C. Zu Artikel 1.4.3

28 Wer als Vertreter rechtsverbindlich für einen andern handeln soll, bedarf einer *Vollmacht* nach Art. 32 ff. OR (vgl. unten Nr. 56). Diese Vollmacht begründet die Möglichkeit des Vertreters, im Namen und auf Rechnung des Vertretenen handeln *zu können*. Davon ist die *Vertretungsbefugnis* (vgl. unten N. 29 ff.) zu unterscheiden, welche die Vertretungshandlungen bestimmt, die der Vertreter im Rahmen seiner Vollmacht vornehmen *darf.* Die Vollmacht regelt also die Kompetenzen des Vertreters Dritten gegenüber, wogegen die Vertretungsbefugnis festlegt, wie der Vertreter diese Kompetenzen einsetzen soll.

29 Die Vollmacht bezieht sich auf das Aussenverhältnis zwischen Vertreter und Dritten, die Vertretungsbefugnis auf das Innenverhältnis zwischen Vertretenem und Vertreter.

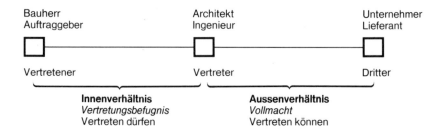

30 Abgesehen von gesetzlichen (z. B. Eltern/Kinder, Vormund/Mündel
usw.) und gesellschaftsrechtlichen (z. B. Verwaltungsrat/AG) Stell-
vertretungsverhältnissen, die hier aber nicht interessieren, werden
Vollmachten immer aufgrund obligationenrechtlicher Grundgeschäf-
te (sogenannte Veranlassungsgeschäfte) erteilt (Guhl/Merz/Kummer,
Das Schweizerische Obligationenrecht, S. 173 ff. OR). Für derartige
rechtsgeschäftliche Vollmachten legt Art. 33 Abs. 2 OR grundsätzlich fest, dass sich der Umfang der Vollmacht nach dem Inhalt des
Rechtsgeschäftes richte. Das Veranlassungsgeschäft bestimmt also,
welche Kompetenzen der Vertreter hat, welche Rechtshandlungen er
im Namen des Vertretenen vornehmen *kann*. Das gleiche Rechtsgeschäft regelt aber auch die Vertretungsbefugnis. Bei konsequenter
Anwendung dieser Norm könnte somit keine Diskrepanz zwischen
der Vollmacht (vertreten *können*) und der Vertretungsbefugnis (vertreten *dürfen*) entstehen. Es gibt jedoch verschiedene Gründe, welche
zu einem derartigen Auseinanderklaffen führen:

31 Teilt der Vollmachtgeber selber die Ermächtigung einem Dritten
mit, so beurteilt sich der Umfang der Vollmacht gemäss Art. 33 Abs.
3 OR nach dem Inhalt dieser Kundgabe. Selbstverständlich kann
auch diese Bekanntmachung durch den Vollmachtgeber ausdrücklich
oder stillschweigend (tatsächlich im Sinne von Art. 34 Abs. 3 OR)
erfolgen. Eine solche, vom Vollmachtgeber selber bekanntgemachte
Vollmacht bezeichnet man als extern und grenzt sie damit von der
internen Vollmacht ab, welche vom Vollmachtgeber nur dem Bevoll-
mächtigten, nicht aber Dritten mitgeteilt wird. Das Rechtsleben setzt
praktisch die Erteilung externer Vollmachten voraus. Eine sehr häu-
fige Form der externen Bevollmächtigung liegt im Ausstellen einer
schriftlichen Vollmachtsurkunde durch den Vertretenen, welcher
dann vom Vertreter Dritten vorgelegt werden kann (von Tuhr/Peter,
Allgemeiner Teil des Schweizerischen Obligationenrechts, Bd. I S.
358).

32 In allen Fällen der externen Vollmacht kann es nun zu einem Aus-
einanderfallen des Vertreten-könnens (Vollmacht) und des Vertre-
ten-dürfens (Vertretungsbefugnis) kommen. Interne Beschränkungen
der Vertretungsbefugnis, nachträgliche Einschränkungen der Ermächtigung sowie ein vollständiger oder teilweiser Vollmachtswiderruf fallen nämlich im Aussenverhältnis solange ausser Betracht, als

sie den Dritten, welche von der Vollmacht Kenntnis haben, nicht ihrerseits mitgeteilt worden sind. Die Vertretungsmacht kann dann weiter gehen als die Vertretungsbefugnis.

33 Im Bereich des Auftragsrechts schafft das Gesetz selber die Möglichkeit des Auseinanderfallens von Vertretungsvollmacht und -befugnis. Gemäss Art. 396 Abs. 2 OR beinhaltet nämlich jeder Auftrag automatisch die Ermächtigung, alle Rechtshandlungen vorzunehmen, welche zu seiner Erledigung gehören. Diese dispositive Rechtsnorm kann zwar im Innenverhältnis zwischen Auftraggeber und Auftragnehmer rechtsgeschäftlich eingeschränkt werden. Der gutgläubige Dritte darf aber gemäss dieser Gesetzesvorschrift darauf vertrauen, dass der Beauftragte die notwendigen Vollmachten besitzt. Dabei bleibt lediglich noch die Interpretationsfrage zu beantworten, welche Vollmachten der Beauftragte zur Erledigung eines konkreten Auftrages tatsächlich nötig hat. Im Einzelfall kann dies erhebliche Probleme bereiten. Es bleibt aber auf jeden Fall die Tatsache bestehen, dass die Vollmacht im Aussenverhältnis (vertreten können) gestützt auf Art. 396 Abs. 2 OR einen grösseren Umfang haben kann als die rechtsgeschäftlich vereinbarte Vertretungsbefugnis im Innenverhältnis.

34 Da der Architekten- und Ingenieurvertrag auf jeden Fall dem Auftragsrecht untersteht, soweit er sich auf Handlungen des Architekten oder Ingenieurs gegenüber Dritten bezieht (vgl. vorne allgemeiner Teil: 71/1.1 A/c und B/b) ist gerade diese Vorschrift von Art. 396 Abs. 2 OR für sie von besonderer Bedeutung (vgl. unten N. 37).

35 Überschreitet der Beauftragte seine Vollmacht (das Vertretenkönnen), so sind seine Handlungen für den Vertretenen unverbindlich. Ausserhalb einer gültigen Vollmacht kann niemand im Namen eines andern Rechtsgeschäfte abschliessen. Als vollmachtloser Stellvertreter wird er dem Dritten gegenüber, gestützt auf Art. 39 OR, unter bestimmten Voraussetzungen schadenersatzpflichtig. Allerdings besteht die Möglichkeit, dass der angeblich, aber vollmachtlos Vertretene die Vertretungshandlungen nachträglich genehmigt und im Sinne von Art. 38 OR in das Rechtsgeschäft eintritt. Mit einer derartigen Genehmigung wird nachträglich die gleiche Situation geschaffen, wie sie bei einer gültigen Vollmacht gegeben wäre.

36 Handelt der Vertreter dagegen zwar im Rahmen seiner Vollmacht (vertreten können), aber ausserhalb seiner Vertretungsbefugnis (vertreten dürfen), so wird der Vertretene dem Dritten gegenüber durch die Handlungen seines Vertreters verpflichtet und gebunden. Im Aussenverhältnis muss der Vertretene das vom Vertreter abgeschlossene Rechtsgeschäft so gelten lassen, wie wenn er es selber getätigt hätte. Im Innenverhältnis dagegen kann der Vertretene vom Vertreter wegen der Überschreitung der Vertretungsbefugnis, welche eine Verletzung des Grundvertrages darstellt, Schadenersatz verlangen.

37 Die Bestimmung von Art. 1.4.3 LHO setzt die gesetzliche Regelung von Art. 396 Abs. 2 OR voraus. Danach ist der Architekt oder Ingenieur im Aussenverhältnis ermächtigt, alle Rechtshandlungen vorzunehmen, welche zur Ausführung seines Auftrages gehören. Der gutgläubige Dritte (z. B. Unternehmer) darf, gestützt auf diese Gesetzesnorm, die entsprechende Vollmacht des Architekten oder Ingenieurs voraussetzen. Eine interne Beschränkung der Vertretungsbefugnis im Rahmen des Architekten- oder Ingenieurvertrages kann ihm nicht entgegengehalten werden, wenn ihm diese Beschränkung nicht nachweisbar zur Kenntnis gebracht wurde. Diese umfassende Vollmacht gibt dem Architekten oder Ingenieur daher normalerweise die Möglichkeit, seinen Bauherrn weit umfassender rechtsgeschäftlich binden zu können, als er dies aufgrund der internen Abmachungen tun darf.

38 Dabei ist zu beachten, dass gemäss Art. 396 Abs. 2 OR jeder Auftrag automatisch eine externe, kundgegebene Vollmacht (vgl. N. 31) beinhaltet, sobald er selber nach aussen bekanntgegeben wurde. Wer also als Bauherr und Auftraggeber dafür sorgt oder zulässt, dass das Architekten- und Ingenieurverhältnis nach aussen bekanntgegeben wird (was regelmässig der Fall sein muss), akzeptiert damit automatisch auch die Kundgabe der gesetzlich verankerten Vollmacht.

39 Im Baugewerbe ist eine besondere Form üblich, das Auftrags- und Vollmachtsverhältnis zwischen dem Bauherrn und dem Architekten oder Ingenieur bekanntzugeben: im Regelfall erfolgt die Kundgabe gegenüber dem Unternehmer dadurch, dass der Architekt oder Ingenieur auf den einzelnen Werkvertragsformularen neben den Vertragsparteien (Bauherr und Unternehmer) ausdrücklich als «Bauleiter» aufgeführt wird und die Verträge mitunterzeichnet. Grosse Pro-

bleme bereitet nun aber die Antwort auf die Interpretationsfrage, welche rechtsgeschäftlichen Handlungen wirklich zur Erfüllung eines konkreten Architekten- oder Ingenieurauftrages gehören. Sowohl nach dem Wortlaut von Art. 396 Abs. 2 OR als auch nach dem Vertrauensprinzip, muss diese Frage anhand objektiver Kriterien beantwortet werden, ohne dass es entscheidend auf die Vorstellungen der konkreten Vertragsparteien ankommen kann. Dies gilt insbesondere deshalb, weil auch Dritte (z. B. Unternehmer) auf dieses Vollmachtsverhältnis vertrauen müssen. Die Frage, was zur Abwicklung eines Architekten- oder Ingenieurauftrages gehört, ist daher weitgehend nach dem Orts- und Allgemeingebrauch zu beantworten.

40 Knüpft man an das an, was heute allgemein üblich ist, so lassen sich folgende eindeutige Aussagen machen:

41 Der Architekt oder Ingenieur ist grundsätzlich nicht ermächtigt, Arbeiten zu vergeben und Werkverträge abzuschliessen. Er darf dies nur aufgrund einer ausdrücklichen Vollmacht tun, wie sie beispielsweise in den SIA-Formularverträgen für untergeordnete Arbeiten und Lieferungen bis zu einem bestimmten Maximalbetrag vorgesehen ist.

42 Das gleiche gilt für den Beizug von Spezialisten und Beratern (z. B. Spezialingenieure, Geologen, Anwälte, Bauökonomen usw.). Auch hier kann der Beauftragte nur aufgrund einer besonderen Vollmacht handeln.

43 Allgemein anerkannt ist auch, dass der Beauftragte nicht ermächtigt ist, im Namen des Bauherrn wesentliche Vertragsänderungen vorzunehmen. Insbesondere kann der Architekt oder Ingenieur keine Preisänderungen genehmigen. Auch fehlt ihm normalerweise die Vollmacht, um für bestimmte Arbeiten anstelle der vereinbarten Abrechnung nach Ausmass und Einheitspreis die Abrechnung in Regie (nach Stundenaufwand) zuzulassen. Dieser letzte Punkt bedarf allerdings einer etwas differenzierten Beurteilung.

44 Umgekehrt gilt der Architekt oder Ingenieur in der Praxis als ermächtigt, innerhalb der Grenzen eines bestehenden Vertragsverhältnisses zwischen Bauherrn und Unternehmern oder Lieferanten

alle notwendigen Anordnungen zu treffen. Diese in der Baupraxis anerkannte Vollmacht bezieht sich insbesondere auf alle Weisungen und Entscheide in bezug auf die Details der konstruktiven Ausführung und der Bauabwicklung. Tatsächlich ist diese Vollmacht auch notwendig, damit der Architekt oder Ingenieur als Bauleiter seinen Auftrag erfüllen kann. Die Voraussetzungen von Art. 396 Abs. 2 OR für die stillschweigende Ermächtigung sind somit erfüllt.

45 Entgegen der in der Literatur zum Teil vertretenen Auffassung (Schwager, Der Umfang der Architektenvollmacht, in Baurecht Nr. 3/1980, S. 37 ff.) besteht diese Ermächtigung des Beauftragten unabhängig von den finanziellen Konsequenzen, welche daraus für den Bauherrn entstehen. Die Vorschrift von Art. 396 Abs. 2 OR lässt keinen Raum für eine derartige Verknüpfung der Vollmacht mit der finanziellen Tragweite der entsprechenden Handlungen. Eine solche Verbindung wäre auch völlig unpraktikabel.

46 In bezug auf die Bestellung von Zusatzarbeiten muss – mit Rücksicht auf die Usanzen und die Notwendigkeiten des Bauens – folgende Regelung gelten: der Architekt oder Ingenieur gilt gestützt auf Art. 396 Abs. 2 OR als bevollmächtigt, alle Zusatzarbeiten zu bestellen, welche für eine fachmännisch einwandfreie Ausführung von rechtsgültig bestellten Arbeiten unbedingt notwendig sind (z. B. Vorbehandlung einer Wand- oder Bodenfläche durch den Plattenleger oder Maler, um die bestellten Plattenleger- oder Malerarbeiten richtig ausführen zu können). Zu dieser Kategorie Zusatzarbeiten gehören alle Verrichtungen, welche bei genauer Kenntnis der Sachlage und präziser Vorbereitung bereits Bestandteil des Devis hätten sein müssen. Ferner ist der Beauftragte auch ermächtigt, alle Zusatzarbeiten zu bestellen, welche sich als natürliche Konsequenzen aus Plan- oder Bestellungsänderungen ergeben, welche der Bauherr angeordnet oder genehmigt hat (z. B. kann der Architekt die Sanitär- und Elektroarbeiten bestellen, welche im Zusammenhang mit dem nachträglich gewünschten Einbau einer Saunaanlage notwendig werden). Hingegen ist der Architekt oder Ingenieur nicht ermächtigt, eigentliche Auftragserweiterungen vorzunehmen und die entsprechenden Arbeiten zu bestellen (z. B. fehlt dem Architekten die Vollmacht, die Saunaanlage selber zu bestellen).

47 Allgemein anerkannt ist auch, dass der Architekt oder Ingenieur
Planänderungen vornehmen kann, denn die Planung des Bauvorhabens gehört ja zu seinen ureigensten Aufgaben. Er gilt daher auch als
ermächtigt, die damit zusammenhängenden Bestellungsänderungen
vorzunehmen und zwar unabhängig von den finanziellen Konsequenzen, die daraus entstehen. Es besteht lediglich insofern eine
Grenze, als die Planänderungen den Grundcharakter des Bauvorhabens nicht verändern dürfen. Beispielsweise ist die nachträgliche Un-
terteilung eines Raumes durch eine Zwischenwand als Planänderung
einzustufen, wogegen der nachträgliche Anbau zusätzlicher Räume
nicht mehr eine blosse Plan-, sondern eine Projektänderung darstellt.

48 Der Architekt und Ingenieur ist aber nicht nur ermächtigt, bei der
Bauausführung im Namen des Bauherrn Anordnungen zu treffen und
Weisungen zu erteilen. Vielmehr ist er auch ermächtigt, Erklärungen
der Unternehmer und Lieferanten, welche das Bauwerk betreffen, im
Namen des Bauherrn entgegenzunehmen. Dies gilt insbesondere für
Abmahnungen im Sinne von Art. 369 OR.

49 Weiter gilt der Architekt oder Ingenieur gestützt auf die allgemeine
Übung und Art. 396 Abs. 2 OR auch als ermächtigt, das vom Unternehmer erstellte Werk im Namen des Bauherrn abzunehmen und
dessen Vollendung festzustellen. Tatsächlich ist dazu ja häufig nur
der Beauftragte als Fachmann überhaupt in der Lage.

50 Auch die Prüfung des Werks oder der Lieferanten im Sinne von Art.
367 Abs. 1 OR und 201 OR kann der Architekt oder Ingenieur als
Vertreter des Bauherrn vornehmen. Diese Prüfungskompetenz umfasst naturgemäss auch die Ermächtigung, im Namen des Bauherrn
Mängelrügen abzugeben. Dieser Punkt ist allgemein anerkannt.

51 Schwieriger ist die Frage zu beantworten, ob der Architekt oder Ingenieur auch ermächtigt sei, ein mangelhaftes Werk im Namen des
Bauherrn zu genehmigen. Grundsätzlich fällt nämlich die Ausübung
und Durchsetzung der aus dem Liefer- oder Werkvertrag abgeleiteten
Mängelrechte nicht in den Aufgabenbereich des Architekten oder
Ingenieurs. Aus Art. 396 Abs. 2 OR kann daher keine generelle Ermächtigung abgeleitet werden, eine mangelhafte Lieferung oder ein

78

mangelhaftes Werk im Namen des Bauherrn zu genehmigen. Andererseits ist jedoch zu beachten, dass im Laufe der Baurealisierung fortlaufend Entscheide über die Genehmigung oder Nichtgenehmigung von Arbeiten notwendig werden, die als Grundlage der weiteren Baurealisierung dienen und später als solche gar nicht mehr erkennbar sind (z. B. Fundament, Unterputzleitungen, Armierungen usw.). In diesen Fällen folgt aus der Natur der Sache, dass die Genehmigungskompetenz dem Architekten oder Ingenieur zustehen muss. Dies steht auch im Einklang mit der Tatsache, dass der Bauherr ja nicht an Zwischenprodukten und -stadien, sondern am Endergebnis interessiert ist. Die Genehmigungskompetenz ist somit dem Beauftragten lediglich in bezug auf das Endergebnis abzusprechen.

52 Soweit dem Bauherrn aufgrund von vorhandenen Mängeln ein Wahlrecht (Nachbesserung, Minderung, Wandelung) zusteht, fehlt dem Architekten oder Ingenieur die Kompetenz, dieses Recht im Namen des Bauherrn auszuüben. Die Angabe dieser Wahlerklärung hat mit der ordentlichen Abwicklung des Architekten- oder Ingenieurauftrages nichts zu tun. An dieser Regelung ändert auch der Umstand nichts, dass es nach Art. 4.5.3 LHO 102 Aufgabe des Architekten ist, die Nachbesserungsarbeiten anzuordnen. Eine besonders weittragende Bedeutung hat die Frage, welche Vollmachten dem Architekten oder Ingenieur im Zusammenhang mit der Genehmigung von Ausmassen und Aufwandlisten (Regierapporten) sowie im speziellen im Zusammenhang mit der Genehmigung der Schlussrechnung zusteht.

53 In der Baupraxis ist es allgemein anerkannt, dass der Architekt oder Ingenieur berechtigt ist, im Namen des Bauherrn Regierapporte zu unterzeichnen. Gestützt auf Art. 396 Abs. 2 OR steht dem Bauleiter dafür die notwendige Vollmacht zur Stellvertretung des Bauherrn zu. Jede andere Lösung wäre auch nicht sachgerecht, denn in der Praxis kann meist nur der Bauleiter die Berechtigung dieser Aufwandlisten überprüfen. Die Unterschrift des Architekten oder Ingenieurs bindet daher den Bauherrn in gleicher Weise, wie wenn er die Regierapporte selber unterzeichnet hätte. Entgegen anders lautenden Lehrmeinungen (Schwager, Der Umfang der Architektenvollmacht, Baurecht Nr. 3/1980, S. 41) begründet der Architekt oder Ingenieur mit der Unterzeichnung der Regierapporte die entsprechende Verfügungspflicht des Bauherrn. Diesem bleiben lediglich die im Gesetz oder Werkver-

trag vorgesehenen Einreden oder Einwendungen (z.B. Anfechtung wegen Willensmängeln).

54 Die gleiche Regelung gilt praxisgemäss auch in bezug auf die Feststellung des Ausmasses. Der Architekt oder Ingenieur ist also ermächtigt, sich als Vertreter des Bauherrn mit dem Unternehmer verbindlich über das der Abrechnung zugrunde zu legende Ausmass zu einigen. Unter Vorbehalt der gesetzes- oder vertragskonformen Einreden und Einwendungen kann der Bauherr auf diese Ausmassfeststellung nicht mehr zurückkommen. Auch hier geht die Vertretungsmacht des Architekten oder Ingenieurs sehr weit. Die Realität der Baupraxis lässt keine andere Lösung zu.

55 Bei der Prüfung und Genehmigung der Schlussrechnung geht es um die Feststellung, ob die Werklohnforderung des Unternehmers einerseits mit dem Vertrag und den dort vereinbarten Preisansätzen und anderseits mit dem festgestellten Ausmass und Regieaufwand übereinstimme oder nicht. Diese Prüfung gehört nach allgemeiner Usanz eindeutig zu den Aufgaben des Architekten oder Ingenieurs. Damit steht aufgrund von Art. 396 Abs. 2 OR auch fest, dass der Beauftragte die dafür notwendigen Vollmachten besitzt. Der Bauherr muss daher die vom Architekten oder Ingenieur ausgesprochene Genehmigung der Schlussabrechnung gegen sich gelten lassen. Der Einwand, der Bauherr wünsche normalerweise nicht, dass der Architekt für ihn weittragende finanzielle Entscheidungen treffe, ist in Anbetracht der gefestigten Praxis nicht stichhaltig. Nun scheint es aber, dass das Bundesgericht in BGE 109 II 459 eine andere Auffassung vertrete. Im fraglichen Präjudiz hat sich das Bundesgericht jedoch überhaupt nicht mit dem Umfang der Architektenvollmacht befassen müssen, wie sie sich gestützt auf die auftragsrechtliche Bestimmung von Art. 396 Abs. 2 OR ergibt. Vielmehr stand dort die Frage zur Diskussion, ob sich die Bauherrschaft in bezug auf die Bestimmungen von Art. 154 Abs. 3 und 151 Abs. 1 Norm SIA 118, welche grundsätzlich anwendbar war, auf die Ungewöhnlichkeitsregel berufen könne oder nicht. In BGE 109 II 459 ist somit die hier zu diskutierende Frage überhaupt nicht beurteilt worden.

56 Berücksichtigt man die allgemeine Verkehrsübung, so hat der Architekt oder Ingenieur gestützt auf Art. 396 Abs. 2 OR zwar keine Gene-

ralvollmacht (BGE 109 II 459). Seine Vertretungsmacht ist aber – mit Ausnahme der Arbeitsvergebung und der Vertragsabschlüsse – doch sehr umfassend und weit. Jedenfalls geht die Ermächtigung des Beauftragten zur Vertretung des Bauherrn in der Praxis viel weiter, als dies zum Teil in der Lehre anerkannt ist (Schwager, Der Umfang der Architektenvollmacht, Baurecht Nr. 3/1980, S. 42; Gauch, Die Bauleitung – ihr Verhältnis zum Bauherrn und Unternehmer, Baurechtstagung 1985 / Tagungsunterlage I S. 17 ff.; Schumacher, Die revidierten SIA-Honorarordnungen 102 und 103, Baurechtstagung 1985 / Tagungsunterlagen IV/3, S. 78).

57 Die bisherigen Ausführungen zum Umfang der Architektenvollmacht wurden ganz bewusst ohne Rücksicht auf die Norm SIA 118 gemacht, denn diese Norm besitzt als vorformulierte allgemeine Vertragsgrundlage keine generelle Geltung, sondern gilt nur soweit, als die Werkvertragsparteien sie als anwendbar erklären. In Zusammenhang mit der meist globalen Übernahme der Norm SIA 118 stellt sich dann die Problematik der Ungewöhnlichkeitsregel, wie sie vom Bundesgericht im BGE 109 II 452 ff. abgehandelt wurde. Der Umfang der Architekten- und Ingenieurvollmacht im Sinne von Art. 396 Abs. 2 OR muss daher losgelöst von dieser SIA-Norm definiert werden. Nun zeigt es sich aber, dass die Norm SIA 118, welche doch weitgehend die Bauusanzen wiedergibt, die vorstehenden Ausführungen bestätigt. Dabei ist zu beachten, dass die Ausführungen in der Norm SIA 118 zur Architekten- und Ingenieurvollmacht keine konstitutive, sondern nur eine deklaratorische Bedeutung haben: die Vollmacht des Architekten oder Ingenieurs beruht also nicht auf den Bestimmungen der Norm SIA 118, wie dies im Fall von BGE 109 II 452 ff. irrtümlich angenommen wurde, sondern einzig und allein aufgrund des Vertragsrechts. Soweit die Norm SIA 118 von diesen auftragsrechtlichen Vollmachten spricht, handelt es sich nur um eine Kundgabe der bestehenden Vollmacht im Sinne von Art. 33 Abs. 3 OR.

58 Wie bereits oben unter N. 37 festgehalten wurde, setzt Art. 1.4.3 der LHO diese ganze komplexe Regelung der Architekten- und Ingenieurvollmachten nach Art. 396 Abs. 2 OR für das Aussenverhältnis voraus.

59 Diese LHO-Bestimmung äussert sich aber zu beiden Komponenten: im dritten Absatz gibt sie die beschriebene Regelung von Art. 396

Abs. 2 OR betreffend die Vollmacht im Aussenverhältnis deklaratorisch wieder; in den ersten beiden Absätzen äussert sie sich zur Vertretungsbefugnis im Innenverhältnis. Diese Vermischung ist bedauerlich, gibt sie doch zu Missverständnissen Anlass.

60 Was die Bestimmung von Art. 1.4.3 Abs. 3 LHO betreffend die Vertretungsmacht betrifft, so kann auf die obigen Ausführungen (N. 37 ff.) verwiesen werden.

61 Die LHO spricht allerdings in Art. 1.4.3 Abs. 3 von denjenigen Tätigkeiten, welche üblicherweise mit der Auftragserledigung «direkt» zusammenhängen würden. Dieser Begriff ist in Art. 396 Abs. 2 OR nicht enthalten. Er bringt aber gegenüber dem Gesetzestext keine inhaltliche Einschränkung. Sowohl das Gesetz als auch die LHO meinen offensichtlich alle Tätigkeiten, welche vernünftigerweise mit der Auftragserledigung objektiv zusammenhängen. Eine andere Bedeutung darf diesem Begriff nicht beigemessen werden.

62 Was die interne Vertretungsbefugnis betrifft, so hält Art. 1.4.3 Abs. 1 LHO fest, dass sich diese nach dem Vertrag richte. Diese Formulierung ist in verschiedener Hinsicht zu präzisieren.

63 Zunächst einmal ist zu betonen, dass der Bauherr als Auftraggeber die Vertretungsbefugnis des Beauftragten durch einseitige Erklärung verbindlich festlegen kann. Auch wenn die Umschreibung der Vertretungsbefugnis im Vertrag enthalten ist, handelt es sich dabei inhaltlich um eine einseitige Erklärung des Bauherrn. Dementsprechend kann der Bauherr diese Befugnis auch zu jedem Zeitpunkt erweitern oder weiter einschränken. Dies folgt aus der zwingenden Bestimmung von Art. 34 Abs. 1 OR, gemäss welcher der Vertretene sogar die Vollmacht jederzeit beschränken oder aufheben kann. In diesem unabdingbaren Recht des Vertretenen ist natürlich auch die Kompetenz mitenthalten, die interne Vertretungsbefugnis unter Aufrechterhaltung der Vollmacht im Aussenverhältnis einseitig zu beschränken oder gar aufzuheben.

64 Wenn die vorliegende LHO-Bestimmung von «Vertrag» spricht, so meint sie natürlich vorab das Vertragsdokument, in welchem häufig eine Umschreibung der Vertretungsbefugnis enthalten ist (z.B. in Art. 12 SIA-Formularvertrag 1002).

82

65 Daneben kann die Vertretungsbefugnis vom Bauherrn und Auftraggeber aber in jeder andern Form jederzeit genauer umschrieben werden. Dies ist eine Folge davon, dass weder der Abschluss eines Archi-
tekten- oder Ingenieurvertrages noch die Erteilung einer Vollmacht
an bestimmte Formen gebunden, sondern formlose Rechtsgeschäfte
sind. Die Vertretungsbefugnis kann daher mündlich, schriftlich oder
allenfalls gar stillschweigend näher umschrieben werden.

66 Selbstverständlich kann jede der beiden Vertragsparteien ein Inter-
essse daran haben, dass der Inhalt der Vertretungsbefugnis beweistechnisch klar festgehalten wird. Es ist daher auch hier zu empfehlen,
dass entsprechende Weisungen schriftlich fixiert werden.

67 Da die SIA-LHO, wenn sie überhaupt Anwendung findet, ja Vertragsbestandteil ist (vgl. N. 4 zu Art. 1.1.1), kann die Umschreibung
der Vertretungsbefugnis natürlich auch in dieser Ordnung enthalten
sein. Es ist beispielsweise auf Art. 4.2.1 LHO 102 zu verweisen, wo
dem Architekten die Befugnis eingeräumt wird, mit Baubehörden zu
verhandeln. Allerdings gehen auch hier konkrete Abmachungen oder
Weisungen den vorformulierten Bestimmungen der LHO vor.

68 Mit Rücksicht auf Art. 396 Abs. 2 OR ist davon auszugehen, dass
grundsätzlich keine Diskrepanz zwischen der äussern Vertretungsvollmacht und der innern Vertretungsbefugnis besteht. Gemäss dieser Gesetzesbestimmung darf der Architekt oder Ingenieur also darauf vertrauen, er sei zur Vornahme aller Handlungen befugt, welche
mit der Erfüllung seines Auftrages vernünftigerweise und unter Berücksichtigung der Baupraxis zusammenhängen.

69 Abweichend von dieser gesetzlichen Ordnung legt die LHO in Art.
1.4.3 Abs. 2 aber fest, der Architekt oder Ingenieur habe in Zweifels-
fällen die Weisung des Auftraggebers einzuholen, sofern es um
rechtsgeschäftliche Vorkehren gehe. Der Beauftragte darf also nicht
einfach darauf vertrauen, die interne Vertretungsbefugnis entspreche
– wie soeben ausgeführt – der äussern Vertretungsmacht.

70 Die gleiche Regelung gilt für tatsächliche Anordnungen, welche terminlich, qualitativ oder finanziell wesentliche Auswirkungen haben
können.

71 Die Regelung in Abs. 2 stellt eine massive Einschränkung der Vertretungsbefugnis dar. Sie ist eine strenge Konsequenz der Interessen-
wahrungspflicht gemäss Art. 1.4.1 (vgl. oben N. 1 ff.).

72 Überschreitet der Architekt seine Vertretungsbefugnis, so verletzt er
seine Auftragspflichten. Dies kann zu Honorarkürzungen und allenfalls zu Schadenersatzleistungen führen.

73 Berücksichtigt man die Tatsache, dass die ersten beiden Absätze von
Art. 1.4.3 von der internen Vertretungsbefugnis, der dritte Absatz dagegen von der externen Vertretungsvollmacht sprechen, so ist der in
der Lehre erhobene Vorwurf nicht gerechtfertigt, zwischen diesen
drei Absätzen bestehe ein materieller Widerspruch (Schumacher, Die
redigierten SIA-Honorarordnungen 102 und 103, Baurechtstagung
1985 / Tagungsunterlagen IV /3 S. 80 f.). Ebensowenig kann von
einem Widerspruch zur Norm SIA 118 gesprochen werden.

B. Zu Artikel 1.4.4

74 Der Architekt oder Ingenieur hat die Interessen des Auftraggebers zu
wahren (vgl. oben N. 1 ff.). Daraus folgt das Recht des Bauherrn, dem
Architekten Weisungen zu erteilen. Dieses selbstverständliche Recht
wird auch in Art. 397 Abs. 1 OR vorausgesetzt.

75 Derartige Weisungen kann der Bauherr jederzeit erteilen, also auch
nach Abschluss des Architekten- oder Ingenieurvertrages. Nachträgliche Weisungen sind sogar die Regel.

76 Grundsätzlich muss der Beauftragte diese Weisungen des Auftraggebers beachten. Die Vorschrift von Art. 397 OR ist klar. Der Architekt oder Ingenieur hat sich dem Bauherrn unterzuordnen (vgl. oben
N. 4 ff.).

77 Die vorliegende Bestimmung verpflichtet den Architekten oder Ingenieur aber dazu, diese Weisungen kritisch auf ihre objektive Zweckmässigkeit zu prüfen. Auch diese Prüfung entspricht der optimalen
Interessenwahrung.

78 Stellt der Beauftragte fest, dass die Weisungen des Bauherrn un-zweckmässig oder allenfalls gar schädlich sind, so muss er den Bau-herrn auf diese Tatsache aufmerksam machen. Das gleiche gilt dann, wenn eine Weisung Kostenfolgen, terminliche Verzögerungen oder Qualitätseinbussen zur Folge haben könnte, welche der Bauherr möglicherweise nicht kennt. Im Zweifelsfall ist dem Bauherrn eine entsprechende Mitteilung zu machen.

79 Selbstverständlich kann diese Mitteilung in irgendeiner Form erfol-gen. Der Beauftragte hat aber ein grosses Interesse daran, sich den Be-weis über diese Mitteilung zu sichern.

80 Prüft der Architekt oder Ingenieur die Weisungen des Bauherrn nicht, oder macht er diesen nicht auf die Konsequenzen einer be-stimmten Weisung aufmerksam, so liegt eine Vertragspflichtverlet-zung vor, welche zu Honorarkürzungen und zu Schadenersatz führen kann.

81 Hält der Bauherr aber trotz einer derartigen Abmahnung an seiner Weisung fest, so haftet der Architekt für die daraus folgenden Konse-quenzen nicht. Es kann ihm nicht der Vorwurf mangelnder Interes-senwahrung gemacht werden. Dies ist selbstverständlich.

82 Gerade in diesen Fällen muss der Architekt oder Ingenieur aber unbedingt darauf achten, dass er sich nicht nur den Beweis für die Abmahnung, sondern auch den Beweis für das Beharren des Bau-herrn auf der Weisung sichert. Tut er dies nicht, kann er sich allen-falls nicht von der Haftung befreien.

83 Der Haftungsausschluss von Art. 1.4.4 Abs. 2 LHO bezieht sich aber nur auf die Vertragshaftung des Beauftragten gegenüber dem Bau-herrn. Dritten gegenüber und insbesondere gegenüber dem staatli-chen Strafanspruch kann sich der Architekt oder Ingenieur nicht auf diese Bestimmung berufen. Verstösst die Weisung des Bauherrn, auf welcher dieser trotz Abmahnung beharrt, gegen allgemeine Regeln der Baukunst, so darf der Architekt oder Ingenieur diese Weisung nicht befolgen. Tut er dies trotzdem, so muss er mit Haftungskonse-quenzen (Art. 41 ff. OR) oder gar mit strafrechtlichen Verurteilungen rechnen (vgl. oben N.17). In einem solchen Fall ist der Architekt oder Ingenieur allenfalls gezwungen, den Auftrag zurückzugeben.

85

E. Zu Artikel 1.4.5

84 Gemäss Art. 398 Abs. 3 OR hat der Beauftragte das ihm übertragene Geschäft perönlich zu besorgen, es sei denn, er sei zur Übertragung an einen Dritten ermächtigt oder durch die Umstände genötigt, oder eine Vertretung werde übungsgemäss als zulässig betrachtet.

85 Beim Architekten- oder Ingenieurauftrag hat der Bauherr regelmässig ein Interesse, dass der von ihm ausgewählte Architekt oder Ingenieur den Auftrag selber ausführt und nicht an ein anderes Büro weitergibt. Die Weitergabe des Auftrages (Auftragssubstitution) an ein anderes Büro ist daher grundsätzlich ausgeschlossen.

86 Selbstverständlich kann der Bauherr einer derartigen Weitergabe aller oder einzelner der übertragenen Aufgaben zustimmen. Allenfalls kann er eine derartige Substitution gar verlangen. Vor allem in bezug auf die Bauleitung (örtliche Bauführung) kommt eine derartige Weitergabe des Auftrages sogar recht häufig vor.

87 Die vorliegende Bestimmung von Art. 1.4.5 regelt aber nicht diese Auftragssubstitution. Diesbezüglich enthält die LHO überhaupt keine Regeln. Es muss auf die Vorschriften von Art. 399 OR sowie auf die entsprechende Lehre und Praxis verwiesen werden. Gegenstand dieser LHO-Bestimmung ist demgegenüber die viel einfachere Tatsache, dass der Architekt oder Ingenieur für die Auftragserledigung sein Personal einsetzen darf. Dazu ist er bereits gestützt auf Art. 398 Abs. 3 OR befugt, ist es doch absolut branchenüblich, dass derartige Aufträge nicht vom Architekten oder Ingenieur allein, sondern von diesem zusammen mit seinem Personal erfüllt werden. Selbstverständlich ist es aber auch, dass der beauftragte Architekt oder Ingenieur für die von ihm beigezogenen Hilfspersonen voll verantwortlich ist. Er haftet für die Tätigkeit dieser Hilfspersonen genau so, wie wenn er die entsprechenden Arbeiten selber ausgeführt hätte. Diese Regelung entspricht genau Art. 101 OR.

88 Streng genommen hat diese LHO-Bestimmung somit nur erklärende Bedeutung. Sie begründet keine andere Regelung als das Gesetz.

89 Sie ist höchstens insofern wichtig, als sie einen klaren Kontrast zum Haftungsausschluss von Art. 1.7 LHO bildet (vgl. unten N. 1 ff. zu Art. 1.7).

90 Gleichzeitig stellt sie klar, dass kein Haftungsausschluss im Sinne von Art. 101 Abs. 2 OR vorliegt. Allerdings würde natürlich eine entsprechende – jedoch völlig unübliche – Klausel in der Vertragsurkunde dieser LHO-Bestimmung vorgehen.

1.5   Weisungsrecht des Auftraggebers

Dritten erteilt der Auftraggeber in der Regel keine direkten Weisungen. Andernfalls hat er den Architekten zu orientieren. Insbesondere gibt er ihm schriftlich Kenntnis von allenfalls direkt an Dritte geleisteten Zahlungen.

Droit du mandant de donner des instructions

En principe, le mandant ne donnera aucun ordre direct à des tiers. S'il le fait néanmoins, il est tenu d'en avertir l'architecte. En particulier, il l'avisera par écrit des montants qu'il aurait éventuellement versés directement à des tiers.

Diritto del committente a dara istruzioni

Di regola il committente non dà istruzioni dirette a terzi. In caso contrario deve avvertire l'architetto. In particolare gli comunica per iscritto eventuali pagamenti effettuati direttamente a terzi.

Zu Artikel 1.5

1 Der Titel dieser LHO-Bestimmung ist irreführend. Das Weisungsrecht des Auftraggebers wird hier keineswegs umfassend geregelt. Vielmehr spricht Art. 1.5 LHO nur von einem ganz besonderen Fall des Weisungsrechts, nämlich von den direkten Weisungen, welche der Bauherr unter Umgehung des Architekten oder Ingenieurs an Dritte gibt.

2 Die LHO regelt das Weisungsrecht überhaupt nicht umfassend. Gewisse Aussagen zu dieser Befugnis des Auftraggebers finden sich in Art. 1.4.4 LHO. Im übrigen muss das Gesetz herbeigezogen werden.

88

3 Der Titel der Bestimmung ist aber auch deshalb irreführend, weil neben diesem Sonderaspekt des Weisungsrechts vorab die Frage der In-
   formationspflicht des Bauherrn gegenüber dem Architekten oder
   Ingenieur geregelt wird.

4 Ungeachtet der Vollmacht und der Vertretungsbefugnis des Architekten oder Ingenieurs hat der Bauherr als Auftraggeber das Recht,
   direkt Weisungen an Lieferanten und Unternehmer zu erteilen. Der
   Bauherr kann also seinen Beauftragten ausschalten. Dies ist eine
   Konsequenz von Art. 34 Abs. 1 OR. Derartige direkte Weisungen
   sind also gültig.

5 Die vorliegende LHO-Bestimmung will und kann dieses Recht des
   Bauherrn zu direkten Weisungen nicht beschränken. Da derartige
   direkte Weisungen aber zu Verwirrungen und Missverständnissen
   führen können, gibt die LHO mit dieser Bestimmung die Empfehlung
   ab, der Bauherr solle normalerweise auf derartige direkte Weisungen
   verzichten. Sie schafft auch eine gewisse Vermutung dafür, dass der
   Bauherr keine direkten Weisungen gibt. Eine weitergehende Bedeutung kommt diesem ersten Satz der vorliegenden LHO-Bestimmung
   aber nicht zu.

6 Falls der Bauherr direkte Weisungen an Spezialisten, Unternehmer
   oder Lieferanten gibt, soll er den beauftragten Architekten oder Ingenieur darüber informieren. Nach dem Wortlaut der vorliegenden Bestimmung wäre der Bauherr zu dieser Information verpflichtet. In
   Anbetracht des freien Weisungsrechts des Bauherrn vermag die LHO
   aber keine derartige Pflicht zu begründen. Der Bauherr ist somit
   nicht gezwungen, den Architekten oder Ingenieur tatsächlich zu informieren. Im Sinne einer Obliegenheit soll er dies aber tun. Verletzt
   er diese Obliegenheit, so hat er die daraus resultierenden negativen
   Konsequenzen zu tragen, ohne dass er dem Architekten oder Ingenieur einen Vorwurf machen könnte.

7 Völlig unabhängig von seinem Recht, Dritten direkte Weisungen zu
   erteilen, ist es dem Bauherrn natürlich auch freigestellt, Zahlungen
   an Dritte zu leisten, ohne dass eine – in der Baupraxis übliche –
   Zahlungsanweisung des Architekten vorliegt. Durch den Architek-
   ten- oder Ingenieurauftrag kann und soll dieses Recht des Bauherrn
   in keiner Weise beschränkt werden.

Ist der Architekt oder Ingenieur aber im Rahmen der Teilleistungen Bauleitung oder Schlussabrechnung mit dem Rechnungswesen des Bauprojekts betraut, so muss er – um seinen Auftrag korrekt erfüllen zu können – Kenntnis von derartigen Direktzahlungen haben. Der Bauherr soll daher den Architekten darüber informieren. Weil die LHO keine eigentliche Rechtspflicht des Bauherrn zu dieser Information begründen kann, schafft sie mit der vorliegenden Bestimmung wiederum eine Obliegenheit des Bauherrn. Verletzt der Auftraggeber diese Obliegenheit, so kann er dem Architekten oder Ingenieur keinen Vorwurf machen, wenn er seine Leistungen im Rahmen des Rechnungswesens nicht vollständig oder einwandfrei erbringen kann.

8 Die LHO verlangt im Sinne dieser Obliegenheit eine schriftliche Information. Dies mag wünschenswert sein, weil der Architekt oder Ingenieur damit einen entsprechenden Buchungsbeleg erhält. An sich muss aber auch eine mündliche Information des Beauftragten als Erfüllung der Obliegenheit genügen.

1.6   Verantwortlichkeit des Architekten

Bei verschuldeter, fehlerhafter Auftragserfüllung hat der
Architekt dem Auftraggeber entstandenen direkten
Schaden zu ersetzen. Dies gilt insbesondere bei Verletzung seiner Sorgfalts- und Treuepflicht, bei Nichtbeach-
tung oder Verletzung anerkannter Regeln seines Fachgebietes, bei mangelnder Koordination oder Beaufsichti-
gung, bei ungenügender Kostenerfassung.

Responsabilité de l'architecte

L'architecte est tenu de réparer
le dommage direct subi par le
mandant, résultant d'une exécu-
tion défectueuse et fautive de
son mandat; ce sera en particulier le cas s'il a violé son devoir
de diligence ou de fidélité, s'il a
ignoré ou enfreint les règles
généralement admises de sa
profession, s'il a mal coordonné
ou surveillé les travaux, ou surveillé les travaux, ou si son éva-
luation du coût de l'opération a
été insuffisante.

Responsabilità dell'architetto

L'architetto è tenuto a risarcire il
committente per i danni diretti
derivati da colpe o difetti
nell'adempimento del mandato,
in particolare se lede gli obblighi
di diligenza e fedeltà, se ignora o
lede le regole riconosciute della
sua professione, in caso di
coordinamento e sorveglianza
carenti, oppure di stima insuffi-
ciente dei costi.

Zu Artikel 1.6

1 Diese LHO-Bestimmung befasst sich ausschliesslich mit den vertraglichen Schadenersatzansprüchen des Bauherrn gegenüber dem Architekten oder Ingenieur. Sie regelt weder die Honorarkürzungen wegen

91

mangelhafter Vertragserfüllung (vgl. unten zu Art. 1.12 LHO) noch die ausservertragliche Haftung des Architekten oder Ingenieurs gegenüber Dritten.

2 Sie regelt die Frage des Schadenersatzes keineswegs vollständig.

3 Sie ist weitgehend deklaratorisch, indem sie zu einem grossen Teil nur die Regelung wiedergibt, welche gestützt auf Art. 97 OR ohnehin gilt. Soweit allerdings – entsprechend der Bundesgerichtsprayxis gemäss BGE 109 II 462 – auf den Architekten- und Ingenieurvertrag das Werkvertragsrecht Anwendung findet, hat diese LHO-Vorschrift eine weitergehende Bedeutung (vgl. unten N. 35). Da aber regelmässig – nach unserer Meinung immer – das Auftragsrecht Anwendung findet, wird im folgenden zunächst die auftragsrechtliche Lösung dargestellt.

4 Grundvoraussetzung für einen vertraglichen Schadenersatzanspruch des Auftraggebers ist eine «fehlerhafte Auftragserfüllung». Eine solche liegt vor, wenn der Beauftragte seine vertraglichen Pflichten *objektiv* nicht oder nicht richtig erfüllt hat.

5 Ausgangspunkt sind somit die Pflichten, welche der Architekt oder Ingenieur aufgrund seines Vertrages mit dem Bauherrn zu erfüllen hat. Diese Pflichten können sich entweder aus konkreten vertraglichen Abmachungen, aus der übernommenen LHO oder aus dem Gesetz ergeben.

6 Aufgrund seines Vertrages verspricht der Architekt oder Ingenieur dem Bauherrn keinen bestimmten Erfolg, sondern nur einen optimalen Einsatz für seine Interessen (vgl. N. 3 f. zu Art. 1.4.1). In den LHO, insbesondere in den Bestimmungen der Art. 3 und 4 LHO 102, 103 und 108 werden Art und Inhalt dieses Einsatzes näher umschrieben. Dementsprechend stellt der Misserfolg der Bemühungen des Architekten oder Ingenieurs an sich keine «fehlerhafte Auftragserfüllung» dar. Eine solche Vertragsverletzung ist vielmehr nur dann gegeben, wenn sich der Architekt oder Ingenieur nicht optimal für die Interessen des Bauherrn eingesetzt hat (vgl. oben N.1–27 zu Art. 1.4.1 und 1.4.2).

7   Gemäss Art. 8 ZGB hat der Bauherr, welcher eine derartige mangel-
    hafte Auftragserfüllung behauptet und daraus Schadenersatzansprü-
    che ableiten will, die Vertragsverletzung durch den Architekten oder
    Ingenieur zu beweisen. Im allgemeinen ist dieser Nachweis sehr
    schwierig. Der mangelhafte Einsatz des Architekten oder Ingenieurs
    kann häufig nur vom konkreten Misserfolg her indirekt rekonstruiert
    werden.

8   Etwas weniger prekär ist die Position des Bauherrn dort, wo sich das
    Engagement des Architekten oder Ingenieurs gemäss dem Auftrag in
    einem konkreten Zwischenergebnis (Pläne, Kostenvoranschlag, Sub-
    missionsunterlagen usw.) niederschlagen muss. Hier ist die Kontrolle
    und der Nachweis der Auftragsverletzung leichter zu erbringen. Das
    Beweisthema bleibt jedoch – entgegen den Annahmen in BGE 109 II
    462 – gleich: es geht darum, dem Architekten oder Ingenieur ein
    mangelhaftes Engagement für die Interessen des Bauherrn nachzu-
    weisen.

9   Die Tatsache, dass ein Misserfolg an sich noch keine Vertragsverlet-
    zung darstellt, ist für das Auftragsverhältnis charakteristisch. Typisch
    ist aber umgekehrt auch, dass der Eintritt des Erfolges eine allfällige
    Auftragsverletzung noch nicht ausschliesst: Führen die Bemühungen
    des Architekten oder Ingenieurs zwar zum Erfolg, ist dieser aber
    nicht optimal oder nicht auf dem günstigsten Weg erreicht worden,
    so kann trotzdem eine «fehlerhafte Auftragserfüllung» vorliegen. Der
    Nachweis einer derartigen pflichtwidrig mangelhaften Optimierung
    kann jedoch nur in den seltensten Fällen erbracht werden.

10 Die vorliegende LHO-Bestimmung enthält einen weder vollständigen
    noch abschliessenden Katalog möglicher Auftragsverletzungen. Die-
    ser Katalog dient lediglich dem besseren Verständnis. Er hat keine
    rechtliche Bedeutung.

11 Der blosse Nachweis einer Vertragsverletzung genügt aber, wie die
    LHO in Übereinstimmung mit dem Obligationenrecht festhält, zur
    Begründung eines Schadenersatzanspruchs noch nicht. Die objektiv
    fehlerhafte Auftragserfüllung muss vom Architekten oder Ingenieur
    vielmehr *subjektiv* auch verschuldet sein. Sie muss dem Beauftragten
    also zum Vorwurf gemacht werden können.

93

12 Dieses zusätzliche Kriterium ist für den Bauherrn aber insofern nicht
    so entscheidend, als das Verschulden nach Art. 97 Abs. 1 OR vermu-
    tet wird. Eine nachgewiesene Vertragsverletzung gilt als schuldhaft,
    wenn es dem Beauftragten nicht gelingt, den Entlastungsbeweis zu
    erbringen. Die Beweislast liegt hier also beim Beauftragten.

13 Der Entlastungsbeweis wird sicher dann gelingen, wenn der Beauf-
    tragte den Beweis erbringen kann, dass er im kritischen Zeitpunkt
    urteilsunfähig (z. B. schwer geistig krank oder bewusstlos) war. Dieser
    Entlastungsgrund wird praktisch sehr selten auftreten.

14 In allen andern Fällen ist der Entlastungsbeweis für den Architekten
    oder Ingenieur aber ausserordentlich schwierig bzw. fast unmöglich.
    Ist nämlich eine Vertragsverletzung, also ein mangelhafter Einsatz
    für die Interessen des Bauherrn, einmal objektiv nachgewiesen, so ist
    die Einwendung des Beauftragten, er habe subjektiv pflichtgemäss ge-
    handelt, praktisch ausgeschlossen: Die Art, wie im Auftragsrecht die
    Vertragsverletzung definiert, von sehr strengen Anforderungen ab-
    hängig gemacht und direkt mit dem Verhalten des Beauftragten ver-
    knüpft wird, schliesst praktisch automatisch auch den Entschul-
    dungsbeweis des Beauftragten aus.

15 Der Haftungsausschluss wird noch dadurch erschwert, dass im Pri-
    vatrecht ein «objektivierter» Verschuldensbegriff verwendet wird.
    Schuldhaft im privatrechtlichen Sinne handelt danach bereits dieje-
    nige Person, welche die unter den konkreten Umständen objektiv
    gebotene Sorgfalt verletzt, und nicht nur diejenige, welche die von ihr
    subjektiv zu erwartende Sorgfalt nicht anwendet.

16 Trotzdem ist es nicht völlig ausgeschlossen, dass der Beauftragte den
    Entlastungsbeweis erbringen kann. Es sind vor allem Fälle denkbar,
    in welchen der Auftraggeber eigene Obliegenheiten verletzt hat. Im
    Bereiche der Architekten- und Ingenieurverträge ist an die Verlet-
    zung der Informationsobliegenheiten von Art. 1.5 LHO (vgl. oben
    N.1 ff. zu Art. 1.5) sowie daran zu denken, dass der Bauherr ihm
    obliegende Mitwirkungsaufgaben nicht erfüllt (vgl. z. B. Art. 4.1.1,
    4.1.2 LHO 102).

17 Ist eine «fehlerhafte Auftragserfüllung» nachgewiesen und der Entla-
    stungsbeweis nicht gelungen, so besteht grundsätzlich die vertragliche

Haftpflicht des Architekten oder Ingenieurs. Diese Haftpflicht bezieht sich nach der vorliegenden LHO-Bestimmung auf den «direkten Schaden», welcher aus dieser Vertragsverletzung entstanden ist.

18 Der Nachweis des Schadens in bezug auf Bestand und Umfang ist
wiederum Sache des Auftraggebers. Dieser trägt nach Art. 8 ZGB die
Beweislast.

19 Der Schaden definiert sich wie überall im Recht als *Vermögenseinbusse*. Er ist die Differenz zwischen dem im massgebenden Zeitpunkt
wirklich vorhandenen Vermögen einer Person und dem rechnungs-
mässig zu ermittelnden Betrag, der ihr Vermögen ohne das schädi-
gende Ereignis aufweisen würde (Guhl/Merz/Kummer, Das Schweizerische Obligationenrecht, S. 60). Ein Schaden lässt sich somit immer geldmässig, also in Franken und Rappen, ausdrücken. Dies gilt
selbst dann, wenn er nicht genau berechnet, sondern nur geschätzt
werden kann.

20 Alle andern denkbaren Nachteile stellen keinen Schaden dar. Insbesondere sind Ärger, verminderter Lebens- und Wohngenuss (z. B. wegen verspätetem Einzug in ein Einfamilienhaus) oder Zeitverlust (sofern er nicht zu einer Einkommenseinbusse führt) niemals Schäden.

21 Geht man von der erwähnten Definition aus, so müssen bei der Scha-
densberechnung natürlich auch alle vermögensrechtlichen Vorteile
berücksichtigt werden, welche dem Bauherrn im Zusammenhang mit
dem schädigenden Ereignis entstehen. Es ist insbesondere an Kosten-
einsparungen zu denken. Macht z. B. der Bauherr einen Einnahmen-
ausfall geltend, welcher im Zusammenhang mit einer vom Architekten verschuldeten Bauverzögerung steht, so müssen auf der andern
Seite die Zinseinsparungen berücksichtigt werden, welche aus den
späteren Fälligkeiten der Werklohnforderungen entstehen.

22 Eine besondere Situation liegt im allgemeinen bei der vertragswidrigen Überschreitung des Kostenvoranschlages vor: Auch in diesen
Fällen kann ein Vermögensschaden gegeben sein. Er ist jedoch häufig
nur schwer nachweisbar und entspricht jedenfalls nicht einfach den
Mehrkosten, welche über dem Kostenvoranschlag liegen. Es ist nämlich zu beachten, dass in den meisten Fällen diesen Mehrkosten ein

Mehrwert des fertigen Gebäudes gegenübersteht. Soweit die Mehrkosten auf diese Weise kompensiert werden, ist der Bauherr überhaupt nicht geschädigt. Ein Schaden liegt somit nur vor, wenn die Mehrkosten den Mehrwert übersteigen, oder wenn im Zusammenhang mit der Kostenüberschreitung andere finanzielle Nachteile (z. B. Zwang zur unplanmässigen Aufnahme teurerer Kredite) entstanden sind. Ausnahmsweise kann der Schaden des Bauherrn – trotz des theoretischen Mehrwertes des Gebäudes – in den Mehrkosten selber liegen. Dies ist dann der Fall, wenn der theoretische Mehrwert völlig unvernüftig ist und zu keiner Erhöhung des praktischen Verkehrswertes führt, weil niemand bereit ist, diesen Mehrwert mit einem Mehrpreis zu honorieren. Beispiel: ein Architekt verursacht Mehrkosten, weil er die unter Verputz verlegten Wasserleitungen in Edelmetall ausführen lässt. Der Mehrwert ist theoretisch im Haus vorhanden. Praktisch ist der Bauherr aber trotzdem geschädigt, weil kein vernünftiger Käufer wegen dieser «Überqualität» der Wasserleitungen einen Mehrpreis zahlen wird.

Diese Fälle sind jedenfalls selten. An den Nachweis eines derartigen «Immobilisierungsschadens» sind strenge Anforderungen zu stellen.

23 Selbstverständlich gilt auch das im vertraglichen und ausservertraglichen Haftpflichtrecht allgemein anerkannte zusätzliche Erfordernis, dass zwischen dem vertragswidrigen Verhalten des Architekten oder Ingenieurs und dem Eintritt des nachgewiesenen Schadens ein *adäquater Kausalzusammenhang* bestehen muss. Der Bauherr kann einen Schadenersatzanspruch somit nur dann geltend machen, wenn seine Vermögenseinbusse in rechtserheblicher Weise durch das vertragswidrige Verhalten des Architekten oder Ingenieurs verursacht worden ist. Der Richter muss nach pflichtgemässem Ermessen dieses Verhalten als wesentliche Ursache der Schädigung betrachten können, weil ein solches Verhalten generell geeignet ist, derartige Schäden herbeizuführen (Guhl/Merz/Kummer, Das Schweizerische Obligationenrecht, S. 62). Ob dieser adäquate Kausalzusammenhang vorliegt, ist in jedem einzelnen Fall konkret zu prüfen. Die Beweislast dafür trägt der Bauherr (Art. 8 ZGB).

24 Die vorliegende LHO-Bestimmung erwähnt das Erfordernis des adäquaten Kausalzusammenhangs nicht.

25 Die LHO spricht davon, dass dem Auftraggeber nur der «direkte» Schaden zu ersetzen sei. Was mit diesem Begriff «direkt» genau gemeint ist, sagt die LHO nicht. Dies ist umso gravierender, als weder das Gesetz noch die allgemeine juristische Literatur diesen Ausdruck kennen. Es besteht daher die Gefahr, dass diese Vorschrift zum vornherein der Unklarheitsregel zum Opfer fallen könnte, sofern sie nicht einfach das gleiche aussagen will, was mit dem Erfordernis der Adäquatheit (vgl. oben N. 23) gemeint ist.

26 Es ist jedoch nicht anzunehmen, dass die LHO dem Begriff «direkt» bloss die Bedeutung von «adäquat» beimessen und damit einfach das Gesetz wiederholen möchte. Vielmehr liegt die Vermutung nahe, dass damit – in Anlehnung an das Werkvertragsrecht (Art. 368 Abs. 1 und 2 OR) – die Unterscheidung zwischen «Mangelschäden» (direkte Schäden) am Bauobjekt selber und «Mangelfolgeschäden» (indirekte Schäden) getroffen werden soll. Diese Interpretation liegt aus folgenden zwei Gründen nahe: zunächst ist die Unterscheidung den Baufachleuten vom Werkvertragsrecht her geläufig. Zum andern wendet ja das Bundesgericht teilweise das Werkvertragsrecht auf die Architekten- und Ingenieurverträge an, so dass die Unterscheidung erst recht sinnvoll wird.

27 Versteht man diese LHO-Bestimmung so, so bedeutet sie, dass der Architekt oder Ingenieur nur für Schäden am Bauobjekt selber, nicht aber für Folgeschäden haften soll. Im Einzelfall bleibt die Abgrenzung aber schwierig. Bei verschuldeter Bauverzögerung z. B. würde der Architekt offensichtlich für die unmittelbaren Mehrkosten, nicht aber für den Nutzungsausfall haften, welcher aus der verspäteten Inbetriebnahme entstehen könnte. Bei mangelhafter Konstruktion hätte der Architekt lediglich für die Sanierungskosten, nicht aber für die Schäden einzustehen, welche zufolge der mangelhaften Konstruktion an eingelagerten Maschinen und Geräten entstehen würden.

28 So verstanden beinhaltet die vorliegende LHO-Bestimmung eine echte Haftungsbeschränkung. Wie bereits erwähnt, könnte ihre Anwendung aber an der Unklarheitsregel scheitern, denn der Architekt oder Ingenieur hat es zu vertreten, wenn die von ihm zur Anwendung vorgeschlagene LHO unklare Bestimmungen enthält. Es wird im Einzelfall zu klären sein, ob die Parteien diese Bestimmung im gleichen Sinne verstanden haben, so dass sie anwendbar bleibt, oder nicht.

29 Da Haftungausschluss und -beschränkungsregeln allgemein üblich sind und in praktisch allen allgemeinen Geschäftsbedingungen vorkommen, dürfte dagegen die Ungewöhnlichkeitsregel nicht zur Anwendung kommen. Die vom Bundesgericht im BGE 109 II 452 genannten Bedingungen sind nicht erfüllt. Auch bei einer blossen Globalübernahme der LHO muss selbst der einmalige, geschäftsunerfahrene Bauherr durchaus mit einer derartigen Klausel rechnen. Dabei fällt ins Gewicht, dass die LHO die Haftung des Architekten oder Ingenieurs ja nicht etwa ausschliesst, sondern nur teilweise beschränkt. Erst recht kann sich natürlich der geschäftserfahrene Bauherr nicht auf die Ungewöhnlichkeitsregel berufen.

30 Es empfiehlt sich, die Haftungsbeschränkung in den Architekten- oder Ingenieurvertrag aufzunehmen und dort klarzustellen, dass mit direktem Schaden nur die Schäden gemeint sind, welche unmittelbar am Bauobjekt selber entstehen.

31 Eine solche Haftungsbeschränkung ist grundsätzlich zulässig. Sie findet ihre Grenze aber an der zwingenden Vorschrift von Art. 101 Abs. 1 OR. Darnach gilt sie dann nicht, wenn der Beauftragte vorsätzlich oder grobfahrlässig pflichtwidrig gehandelt hat. Abgesehen von diesem Ausnahmefall entfaltet sie ihre Wirkung.

32 Sind die Voraussetzungen der Haftpflicht des Architekten oder Ingenieurs erfüllt, so gelten in bezug auf den Schadenersatz die üblichen gesetzlichen Vorschriften. Grundsätzlich ist der volle Schaden zu ersetzen. Irgendeine Beschränkung (z. B. bis zur Höhe des Honorars oder bis zur Höhe der Versicherungsdeckung) gibt es nicht. Es bleibt lediglich die Möglichkeit, dass der Richter den Schadenersatz im Rahmen der gesetzlichen Möglichkeiten unter die Schadensumme herabsetzt.

33 Hat der Architekt oder Ingenieur den eingetretenen Schaden nicht allein, sondern mit anderen Haftpflichtigen zusammen verursacht, so haftet er dem Bauherrn grundsätzlich für den vollen Schaden. Es bleibt ihm aber das Regressrecht gegen die Mithaftpflichtigen.

34 Was die Haftung des Architekten für Dritte betrifft, ist auf die nachfolgenden Ausführungen zu Art. 1.7 LHO zu verweisen.

35 Sollte in Übereinstimmung mit BGE 109 II 462 auf Teile des Archi-
    tekten- oder Ingenieurvertrages das Werkvertragsrecht Anwendung
    finden, so hätte die Vorschrift von Art. 1.6 LHO folgende Bedeutung:
    Die LHO-Bestimmung würde die gesetzliche Mängelhaftungsrege-
    lung von Art. 367 ff. OR ausschliessen. Sie käme also einer Wegbe-
    dingung der Mängelhaftung gleich. Sie wäre – unter Vorbehalt von
    Art. 100 Abs. 1 OR – zulässig.

36 Mit dieser Klausel würde die kausale Mängelhaftung nicht ersatzlos
    wegbedungen, sondern einfach durch eine Verschuldenshaftung er-
    setzt. Zudem würde das Wahlrecht des Bauherrn eingeschränkt.
    Was die Unklarheits- und Ungewöhnlichkeitsregel betrifft, kann auf
    das oben Gesagte (vgl. N. 28 f.) verwiesen werden.

37 Die Bestimmung von Art. 1.6 LHO behält somit unabhängig von der
    rechtlichen Qualifikation des Architekten- und Ingenieurvertrages
    ihre volle Bedeutung.

1.7   Haftung für Dritte

Für Leistungen von beigezogenen selbständigen Dritten,
die im direkten Vertragsverhältnis zum Auftraggeber
stehen, haftet der Architekt nicht.

**Responsabilité concernant les
prestations de tiers**

Responsabilità verso terzi

L'architecte ne répond pas des
prestations fournies par des tiers
indépendants qui sont en rela-
tion contractuelle directe avec le
seul mandant.

L'architetto non è responsabile
per le prestazioni fornite da terzi,
indipendenti, che sono in relazio-
ni contrattuali dirette con il committente.

Zu Artikel 1.7

1 Um diese LHO-Bestimmung zu verstehen, muss man die gesetzliche
Regelung der Haftung mehrerer Beteiligter kennen. Diese Bestimmung gibt einen Spezialfall wieder, ohne dass sie von dieser allgemeinen Ordnung abweichen würde.

2 Am häufigsten werden Dritte als *Hilfspersonen* des Architekten oder
Ingenieurs beigezogen. Es sind dies die Angestellten (Arbeitnehmer)
des Beauftragten. Dazu gehören aber auch die «freien Mitarbeiter»,
sofern sie nach den Weisungen und unter der Kontrolle des Architekten oder Ingenieurs arbeiten und daher nicht als selbständige Substitution (vgl. unten N. 10 ff.) zu qualifizieren sind. Ebenso sind mitar-
beitende Familienmitglieder Hilfspersonen.

3 Der Beizug von Hilfspersonen ist dem Architekten oder Ingenieur
erlaubt. Dies ergibt sich schon aus der gesetzlichen Regelung von

Art. 398 Abs. 3 OR. In Art. 1.4.5 LHO wird dies ausdrücklich bestätigt (vgl. N. 87 ff. zu Art. 1.4). Der Beauftragte ist dem Auftraggeber
gemäss Art. 101 Abs. 1 OR für allen Schaden haftpflichtig, den diese
Hilfspersonen «in Ausübung ihrer Verrichtung» verursachen. Diese
gesetzliche Regelung wird in Art. 1.4.5 LHO ausdrücklich bestätigt.

4 Allerdings könnte diese Hilfspersonenhaftung vertraglich im voraus
eingeschränkt oder gar aufgehoben werden (Art. 101 Abs. 2 OR).
Eine derartige Klausel wäre jedoch völlig unüblich. Sie müsste deutlich im konkreten Vertragstext enthalten sein.

5 Der Architekt oder Ingenieur hat für das Verhalten seiner Hilfspersonen zu haften, wie wenn er selber gehandelt hätte (Guhl/Merz/Kum-
mer, Das Schweizerische Obligationenrecht, S. 219 f.). Es kann auf
das vorne zu Art. 1.6 Gesagte verwiesen werden. Entscheidend ist,
dass sich der Beauftragte nicht mit der Einrede von der Haftung befreien kann, er habe seine Hilfsperson sorgfältig ausgewählt und richtig und vollständig instruiert. Die Haftung besteht für erfahrene, qua-
lifizierte Mitarbeiter in gleicher Weise wie für andere.

6 Dies gilt jedoch nur solange, als Vertragsverletzungen und daraus
abgeleitete Schäden zur Diskussion stehen. Geht es dagegen nur um
einen Schaden aus unerlaubter Handlung (Delikt), welcher nicht zu-
gleich eine Vertragsverletzung darstellt, der aber von der Hilfsperson
«in Ausübung ihrer Verrichtungen» verursacht wurde, so ist der Architekt oder Ingenieur dafür nur im Rahmen von Art. 55 OR haftbar.
Diese Bestimmung des ausservertraglichen Haftpflichtrechts erlaubt
dem Geschäftsherrn – im Gegensatz zur vertraglichen Hilfspersonenhaftung nach Art. 101 Abs. 1 OR – unter bestimmten Voraussetzungen die Haftungsbefreiung: Für ausservertragliche Schäden haftet der
Geschäftsherr nicht, welcher beweisen kann, dass er seine Hilfsperson sorgfältig ausgewählt, instruiert und überwacht hat, oder dass der
Schaden unabhängig von seiner Sorgfalt eingetreten wäre. Die Abgrenzung zwischen diesen beiden Haftungstypen kann im Einzelfall
schwierig, aber recht bedeutend sein. Es wird auf die Lehre und die
dort zitierte Rechtsprechung verwiesen (Guhl/Merz/Kummer, Das
Schweizerische Obligationenrecht, S. 180 ff. und 219 f.; von
Thur/Peter, Allgemeiner Teil des schweizerischen Obligationenrechts, Bd. I, S. 444 ff. und von Thur/Escher, Allgemeiner Teil des
schweizerischen Obligationenrechts, Bd. II, S. 122 ff.).

7 Ist der Auftrag nicht einer natürlichen, sondern einer juristischen Person erteilt worden, so haftet diese gemäss Art. 55 Abs. 2 ZGB vorbehaltlos für die Handlungen ihrer Organe, welche diese im Rahmen ihrer Kompetenzen vorgenommen haben. Es gelten die allgemeinen Haftungsvoraussetzungen. Es kann auf das vorne zu Art. 1.6 LHO Gesagte verwiesen werden.

8 Dabei werden unter «Organe» diejenigen natürlichen Personen verstanden, welche durch das Gesetz oder die Statuten zur Willensbildung und Vertretung der juristischen Person bestimmt sind (Art. 54 ZGB). Es sind dies vorab Verwaltungsräte und Direktoren bei der Aktiengesellschaft (Art. 717 OR), geschäftsführende Gesellschafter und Direktoren bei der GmbH (Art. 811/812 OR) sowie Verwalter, Geschäftsführer und Direktoren bei der Genossenschaft (Art. 894 und 898 OR). Gemäss Art. 567 OR gilt die Organhaftung auch bei der Kollektivgesellschaft, obwohl diese keine juristische Person ist. Das gleiche gilt für die Kommanditgesellschaft.

9 In bezug auf alle Angestellten einer juristischen Person oder einer Kollektiv- oder Kommanditgesellschaft, denen keine Organstellung zukommt, spielt die oben beschriebene Hilfspersonen- und Geschäftsherrenhaftung (vgl. oben N. 2 ff.).

10 Sowohl die Tätigkeit der Hilfspersonen als auch diejenige der Organe spielt sich innerhalb des Geschäfts- und Zuständigkeitskreises des Beauftragten ab. Anders liegen die Verhältnisse bei der *Substitution.* Hier überträgt der Beauftragte die Erfüllung des ganzen Auftrages oder einzelner Teile daraus an einen Dritten, welcher selbständig tätig ist. Zwischen Beauftragtem und Drittem besteht ein «Unterauftrag». Schematisch lassen sich diese Rechtsbeziehungen wie folgt darstellen:

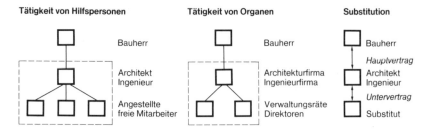

11 Soweit der Architekten- und Ingenieurvertrag nicht dem Auftragsrecht, sondern im Sinne von BGE 109 II 464 dem Werkvertragsrecht
unterstehen sollte, wäre der Dritte Unterakkordant. Zwischen ihm
und dem Architekten oder Ingenieur bestände ebenfalls ein Werkvertrag (Unterakkordvertrag). Am Schluss dieser Ausführungen wird
noch auf diese rechtliche Konstruktion einzutreten sein (vgl. unten
N. 23).

12 Gemäss Art. 398 Abs. 3 OR ist der Beauftragte grundsätzlich verpflichtet, den Auftrag persönlich zu besorgen. Dieses Prinzip verbietet die Substitution des Auftrages. Lediglich in drei Fällen lässt das
Gesetz Ausnahmen zu:
Erstens kann die Substitution im Vertrag als zulässig erklärt werden.
Zweitens können ausserordentliche Umstände (z. B. Krankheit oder
Unfall des Beauftragten) die Substitution im Interesse des Auftraggebers geradezu gebieten. Drittens ist die Substitution überall dort zulässig, wo sie verkehrsüblich ist.

13 Für den Architekten- und Ingenieurvertrag gilt nichts anderes. Insbesondere enthalten die LHO keine generelle Ermächtigung zur Auftragssubstitution. Es ist aber auch nicht üblich, den Architekten-
oder Ingenieurvertrag ganz oder teilweise Dritten zur Erledigung zu
übertragen. Die Substitution ist somit nur zulässig, wenn sie im konkreten Vertragsverhältnis als zulässig erkärt wurde. Diese Vereinbarung kann selbstverständlich – wie alle auftragsrechtlichen Vertrags-
abmachungen – in irgendeiner Form getroffen werden.

14 Haftungsrechtlich ist daher zwischen der erlaubten und der unerlaubten Substitution zu unterscheiden.

15 Überträgt der Architekt oder Ingenieur die Erfüllung des Auftrages
ohne entsprechende Erlaubnis ganz oder teilweise einem Dritten, so
kommt auf diese *unerlaubte Substitution* die Vorschrift von Art. 399
Abs. 1 OR zur Anwendung. Der Architekt oder Ingenieur hat in diesem Fall dem Bauherrn für die Handlungen des Dritten so einzustehen, wie wenn er diese selber vorgenommen hätte. Er kann sich nicht
mit dem Einwand entlasten, er habe den Dritten sorgfältig ausgewählt sowie richtig und vollständig instruiert. Was die Haftungsvoraussetzungen betrifft, kann auf das vorne zu Art. 1.6 Gesagte verwiesen werden.

16 Immerhin gilt auch bei unerlaubter Substitution die Vorschrift von
Art. 399 Abs. 3 OR, wonach der Bauherr von Gesetzes wegen berechtigt ist, direkt den Dritten zu belangen und ihm gegenüber alle
Ansprüche geltend zu machen, welche dem Beauftragten zustehen
würden. Es wird auf die untenstehenden Ausführungen verwiesen
(vgl. unten N. 21).

17 Liegt dagegen eine *erlaubte Substitution* vor, weil sie im Vertrag zwischen Bauherr und Architekt oder Ingenieur als zulässig erklärt wurde, so schränkt Art. 399 Abs. 2 OR die Haftung des Beauftragten
ganz stark ein. In diesem Fall haftet der Beauftragte nämlich nur
noch dafür, dass er den Dritten, welcher den Auftrag an seiner Stelle
ausführen soll, sorgfältig auswählt und sowohl richtig als auch vollständig instruiert. Bei einer erlaubten Substitution kann sich der
Architekt oder Ingenieur also mit dem Nachweis von jeder Haftung
befreien, dass er einen qualifizierten, für die fragliche Arbeit geeigne-
ten Dritten beigezogen sowie vollständig über die Problem- und Auf-
gabenstellung, insbesondere auch über die Wünsche des Bauherrn,
informiert hat.

18 Muss sich der Architekt oder Ingenieur keine Verletzung der Auswahl und Instruktionspflicht vorwerfen lassen, so ist er bei erlaubter
Substitution von jeder Verantwortung für die Tätigkeit des Dritten
befreit.

19 Diese Regelung gilt insbesondere immer bei Totalplanungsaufträgen,
bei welchen der Totalplaner im Einverständnis mit dem Bauherrn
einzelne Teilbereiche (z. B. Sanitär- und Elektroplanung) im eigenen
Namen an Dritte zur Erledigung weitervergibt. Dieser Sachverhalt ist
nicht mit demjenigen identisch, welcher in 1.7 LHO geregelt wird.

20 Da der Architekt oder Ingenieur unter den Voraussetzungen von Art.
399 ABS. 2 OR (sorgfältige Auswahl und Instruktion des Dritten)
von jeder Haftung für Vertragsverletzungen befreit ist, muss der Bauherr die Möglichkeit haben, den Dritten direkt belangen zu können.
Da zwischen ihm und dem Dritten aber kein Vertragsverhältnis besteht (vgl. oben Schema bei N. 10), wäre dieser Zugriff grundsätzlich
nicht möglich: Schadenersatz aus Vertragsverletzung kann nur die
eine Vertragspartei von der andern verlangen.

21 Als Gegenstück zur Haftungsbefreiung des Beauftragten räumt daher
das Gesetz in Art. 399 Abs. 3 OR dem Auftraggeber ausdrücklich
dieses direkte Zugriffsrecht auf den Dritten ein, welcher zu ihm in
keinem Vertragsverhältnis steht. Dabei kann der Bauherr dem Dritten gegenüber aber nur diejenigen Ansprüche geltend machen, welche dem Beauftragten aufgrund des Unterauftrages zustehen würden.
Schematisch lässt sich dies wie folgt skizzieren:

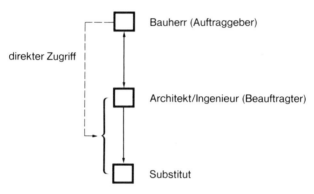

22 Systematisch inkonsequent lässt das Gesetz diese Vorschrift von Art.
399 Abs. 3 OR nun aber nicht nur bei der erlaubten, sondern auch
bei der unerlaubten Substitution wirksam werden. Dies führt dazu,
dass der Auftraggeber bei der unerlaubten Substitution besser gestellt
wird: Er hat in diesem Fall zwei Haftpflichtige und das Wahlrecht,
gegen welchen von beiden er vorgehen will. Bei der erlaubten Substitution steht ihm dieses Wahlrecht nur soweit zu, als nicht nur dem
Dritten eine Vertragsverletzung, sondern auch dem Beauftragten eine
Verletzung der Auswahl- und Instruktionspflicht vorgeworfen werden kann.

23 Würde man – wie das Bundesgericht dies im BGE 109 II 462 tut –
Teile des Architekten- und Ingenieurvertrages dem Werkvertragsrecht, andere Teile und den Vertrag als Ganzes aber dem Auftragsrecht unterstellen, so ergäben sich gerade im Zusammenhang mit den
Vorschriften von Art. 399 OR fast unlösbare Schwierigkeiten. Es
wäre dann nämlich ohne weiteres möglich, dass das Vertragsverhältnis zwischen Bauherr und Architekt oder Ingenieur als Gesamtver-
trag dem Auftragsrecht unterstehen würde, wogegen auf dem substi-

tuierten Teil (z. B. Ausarbeitung bestimmter Pläne) das Werkvertragsrecht zur Anwendung käme. Läge eine erlaubte Substitution vor, so würden sich die auftragsrechtlichen Haftungsansprüche des Bauherrn allenfalls ohne sein Zutun in werkvertragliche Mängelansprüche mit den entsprechenden Prüfungs- und Rügepflichten verwandeln.

24 Von all diesen Fällen der Mitwirkung Dritter handelt Art. 1.7 LHO nicht. Dies ist negativ festzustellen.

25 Diese LHO-Bestimmung bezieht sich vielmehr auf den in der Praxis häufigsten Fall, dass der Bauherr selber, im eigenen Namen und auf eigene Rechnung, mit dem Architekten und den Ingenieuren verschiedene selbständige Verträge abschliesst. Die Rechtsbeziehungen lassen sich in diesem Fall wie folgt schematisch darstellen:

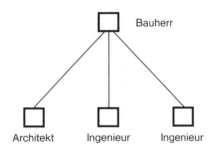

26 Hier ist jeder der einzelnen Beauftragten dem Bauherrn direkt verantwortlich. Inhalt und Umfang seiner Haftpflicht richten sich nach dem jeweiligen Vertrag. Sofern die LHO anwendbar erklärt wurde, gilt das bisher zu Art. 1.6 und 1.7 LHO Gesagte.

27 Die LHO stellt nun klar, dass in diesem Fall kein Beauftragter für die Handlungen des andern haftbar ist. Tatsächlich ist es so, dass die einzelnen Beauftragten im Verhältnis zu einem andern Beauftragten als Hilfspersonen des Bauherrn qualifiziert werden müssen. Der Bauherr muss sich also z. B. gegenüber dem Bauingenieur die Handlungen des Architekten sowie des Sanitär- und Elektroingenieurs als Hilfsperso-

nenhandlungen anrechnen lassen. Schematisch lässt sich dies wie
folgt darstellen:

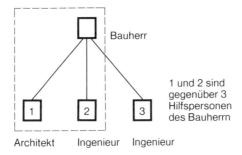

28 Diese LHO-Bestimmung weicht in nichts von der Regelung ab, die
aufgrund des Gesetzes gilt. Sie hat somit einen rein hinweisenden,
deklaratorischen Charakter.

29 In der Praxis kommt es allerdings häufig vor, dass der Architekt dem
Bauherrn einen bestimmten Bauingenieur und bestimmte Spezialingenieure empfiehlt. Gestützt auf diese Empfehlung schliesst der
Bauherr mit den Empfohlenen direkte Verträge ab. In diesen Fällen
gilt die Regelung von Art. 1.7 LHO. Die Empfehlung des Architekten selber beurteilt sich aber auf dem Hintergrund seiner allgemeinen
Pflicht, die Interessen des Bauherrn optimal zu wahren. Könnte dem
Architekten also eine unsorgfältige Auswahl der empfohlenen Ingenieure vorgeworfen werden, so läge darin eine Verletzung des Architektenvertrages, so dass der Architekt deswegen haftbar gemacht werden könnte. Der Schadensnachweis dürfte allerdings nicht einfach
sein.

30 Zeigt es sich, dass ein bestimmter Schaden nur deshalb eingetreten
ist, weil zwei oder mehrere Beauftragte des Bauherrn je selbständig
vertragswidrig gehandelt und einen Fehler gemacht haben, so haften
sämtliche Fehlbaren dem Bauherrn solidarisch für den ganzen Schaden. Der Bauherr hat das Recht auszuwählen, gegen welchen der
Haftpflichtigen er vorgehen will. Sofern einer von diesen Haftpflichtigen mehr als seinen Anteil leistet, hat er ein Regressrecht auf die
andern.

1.8 Verjährung

.1 Ansprüche aus dem Vertrag verjähren innert zehn Jahren. Für Gutachten beginnt die Frist mit deren Ablieferung zu laufen.

.2 Ansprüche aus Mängeln des unbeweglichen Bauwerkes verjähren innert fünf Jahren. Die Frist beginnt mit der Abnahme des Werkes bzw. Werkteils zu laufen. Solche Mängel sind unverzüglich zu rügen.

Prescription

.1 Les prétentions résultant du contrat se prescrivent par dix ans. S'il s'agit d'avis ou d'expertises, le délai de prescription commence à courir à la date de remise du rapport y relatif.

.2 Les prétentions fondées sur les défauts d'une construction immobilière se prescrivent par cinq ans à compter de la réception de l'ouvrage ou de la partie d'ouvrage considérée. Ces défauts doivent être signalés sans retard.

Prescrizione

.1 Le pretese contrattuali si prescrivono dopo dieci anni. Nel caso di perizie il termine di prescrizione decorre a partire dalla loro consegna.

.2 Pretese derivanti da difetti della costruzione immobiliare si prescrivono con il decorso di 5 anni. Il termine decorre dal collaudo dell'opera rispettivamente di una parte di essa. Tali difetti sono da notificare immediatamente.

A. Zu Artikel 1.8.1

1 Diese Bestimmung regelt – unter Vorbehalt von Art. 1.8.2 – die Verjährung in Übereinstimmung mit Art. 127 OR.

2 Es ist in der Praxis anerkannt und unbestritten, dass auf Forderungen aus einem Architekten- oder Ingenieurverhältnis nicht die verkürzte fünfjährige Verjährungsfrist von Art. 128 Ziff. 3 OR zur Anwendung kommt (von Tuhr/Escher, Allgemeiner Teil des Schweizerischen Obligationenrechts, Bd. II, S. 215 N. 42). Diese Bestimmung ist als Ausnahmevorschrift restriktiv zu interpretieren.

3 Da in Art. 129 OR die Abänderung dieser gesetzlichen Verjährungsfristen des allgemeinen Teils verboten wurde, konnte die LHO gar keine andere Regelung als diejenige von Art. 127 OR treffen. Es ist daher auch ausgeschlossen, dass in einem konkreten Architekten- oder Ingenieurvertrag eine andere Verjährungsregelung getroffen würde.

4 Diese Bestimmung von Art. 1.8.1 LHO bezieht sich sowohl auf den Leistungsanspruch, den der Bauherr gegenüber dem Architekten oder Ingenieur geltend machen kann, als auch auf seine Schadenersatzansprüche (wiederum unter Vorbehalt von Art. 1.8.2 LHO) und umgekehrt auf die Honorar- und Nebenkostenvergütungsansprüche des Architekten oder Ingenieurs.

5 Neben der Dauer der Verjährungsfrist ist auch ihr Beginn wesentlich. Erst beide Elemente zusammen lassen die Beurteilung zu, wann eine bestimmte Forderung verjährt ist.

6 Die LHO enthält keine generelle Vorschrift darüber, wann die Verjährung zu laufen beginnt. Lediglich in bezug auf Gutachten enthält sie eine entsprechende Bestimmung. Es ist daher bei der gesetzlichen Regelung anzuknüpfen.

7 In Art. 130 Abs. 1 OR wird festgelegt, die Verjährung beginne mit der Fälligkeit der Forderung zu laufen. Der Fälligkeitstermin wird in Art. 75 OR so umschrieben, dass die Erfüllung sogleich geleistet und gefordert werden könne, wenn die Erfüllungszeit weder durch Vertrag noch durch die Natur des Rechtsverhältnisses bestimmt sei.

8 Das Architekten- und Ingenieurverhältnis dauert nun je nach der Art der zu erbringenden Leistung – ohne ein Dauerschuldverhältnis zu sein, welches auf Dauer hin angelegt ist – immer eine gewisse Zeit.

109

Bei grösseren Aufgaben kann das Vertragsverhältnis unter Umständen mehrere Jahre dauern. Dies ergibt Probleme in bezug auf den Beginn der Verjährungsfrist.

9 Ein einheitlicher Anknüpfungspunkt (z. B. Zeitpunkt der Auftragsbeendigung oder der Zustellung der Schlussabrechnung oder der Vollendung des Bauwerks usw.) kommt nicht in Frage.

10 Vielmehr muss für jede einzelne Forderung geklärt werden, wann sie fällig wurde. Der Fälligkeitstermin ist dann gestützt auf Art. 130 Abs. 1 OR auch der Beginn der Verjährungsfrist.

11 Fälligkeitsvereinbarungen für die einzelnen auftragsrechtlichen Ansprüche fehlen im allgemeinen. Der Fälligkeitstermin muss daher im Sinne von Art. 75 OR aus der Natur der Sache heraus bestimmt werden. Dies gibt dem Richter im Streitfall einen erheblichen Ermessensspielraum. Für die Parteien besteht deshalb eine grosse Unsicherheit.

12 Fälligkeitsvereinbarungen liegen ausnahmsweise dann vor, wenn im Architekten- oder Ingenieurvertrag für bestimmte Teilleistungen genaue Termine vereinbart worden sind. Der Anspruch des Bauherrn auf Erfüllung dieser Teilleistungen beginnt somit am vereinbarten Termin zu verjähren.

13 Was den Honoraranspruch des Architekten oder Ingenieurs betrifft, enthält Art. 1.13 eine Fälligkeitsvereinbarung im Sinne von Art. 75 OR. Diese ist allerdings nicht leicht verständlich und sicher nicht sehr praktisch. Gemäss Art. 1.13.3 LHO kann der Architekt oder Ingenieur parallel zum Leistungsfortschritt Akontozahlungen von maximal 90 % des bereits verdienten Honorars verlangen, wobei die Zahlungen nach Art. 1.13.1 LHO innert 30 Tagen nach Rechnungsstellung zu erfolgen haben. Da der Beauftragte frei darüber entscheiden kann, ob und wann er derartige Akontozahlungen verlangen will, darf das Datum der einzelnen Akontogesuche für den Verjährungsverlauf keine Bedeutung haben. Vielmehr beginnt die 10jährige Verjährungsfrist gleitend mit dem Leistungsfortschritt, aber mit Rücksicht auf Art. 1.13.1 LHO erst 30 Tage nach dem Datum der entsprechenden Leistung. Bei Beendigung des Architekten- oder Ingenieur-

110

verhältnisses ist daher die Verjährung für die ersten Teilleistungen oftmals bereits weit fortgeschritten.

14 30 Tage nach der Beendigung des Auftragsverhältnisses ist gemäss Art. 1.13.1 LHO auch das Resthonorar zur Zahlung fällig. Damit beginnt auch dafür die Verjährung zu laufen. Es kommt nicht darauf an, ob und wann der Architekt die Schlussrechnung stellt.

15 Schwierigkeiten bereitet es auch, den Verjährungsbeginn für Schadenersatzforderungen aus dem Auftragsrecht festzulegen. Selbstverständlich gilt hier wiederum der Vorbehalt von Art. 1.8.2 LHO.

16 Im Gegensatz zum ausservertraglichen Haftpflichtrecht, wo das Gesetz mit Rücksicht auf die sehr kurze Frist die Verjährung erst dann beginnen lässt, wenn der Geschädigte Kenntnis vom Schaden und der Person des Ersatzpflichtigen hat (Art. 60 OR), wird diese Kenntnis im vertraglichen Haftpflichtrecht nirgends vorausgesetzt. Im besonderen beginnt auch die kurze Verjährungsfrist für die kauf- und werkvertraglichen Mängelrechte unabhängig davon, ob der Berechtigte Kenntnis von seinem Anspruch hat oder nicht (Art. 210, 219 und 371 OR). Dementsprechend beginnt auch die Verjährung für die auftragsrechtlichen Schadenersatzansprüche unabhängig davon, ob der Bauherr davon Kenntnis hat oder nicht. Die Verjährungsfrist ist somit an das Datum der schädigenden Handlung anzuknüpfen. Häufig ist diese aber zeitlich nicht eindeutig zu bestimmen. Es gilt insbesondere dann, wenn die Vertragsverletzung des Architekten oder Ingenieurs in einer pflichtwidrigen Unterlassung (mangelnde Kontrolle) besteht. Im Zweifelsfalle ist zugunsten des Bauherrn vom spätest möglichen Termin auszugehen.

17 Für Begutachtungsaufträge enthält die vorliegende LHO-Bestimmung nur scheinbar eine Sonderregelung.

18 Zunächst einmal richtet sich die Verjährung des Anspruchs des Auftraggebers auf Ablieferung des Gutachtens naturgemäss nicht nach dieser Bestimmung. Vielmehr gilt auch dafür die Regelung, welche sich aus Art. 130 Abs. 1 OR in Verbindung mit Art. 75 OR ergibt. Sobald nach der Natur der Sache die Ablieferung des Gutachtens erwartet werden kann, ist der Ablieferungsanspruch fällig. Die Verjährung beginnt. Es gilt das oben unter N. 10 Gesagte.

19 Enthält das Gutachten Fehler, welche Schaden verursachen, so liegt
    in der Ablieferung des fehlerhaften Gutachtens die schädigende
    Handlung. Es gilt das oben unter N. 16 Gesagte.

20 Was den Honoraranspruch betrifft, gilt grundsätzlich das unter N.
    2 ff. Gesagte. Im Regelfall werden die Parteien aber wohl vereinba-
    ren, dass das gesamte Honorar mit Abschluss der Begutachtung, also
    mit der Ablieferung des Gutachtens fällig sei. In diesem Fall beginnt
    die Verjährung gestützt auf Art. 130 Abs. 1 OR mit der Ablieferung
    des Gutachtens. Die Bestimmung von Art. 1.8.1 LHO bestätigt dies
    lediglich deklaratorisch.

21 Würde man die Überlegung von BGE 109 II 462 konsequent anwen-
    den und daher den Begutachtungsauftrag als «Geistwerkvertrag»
    qualifizieren, so käme auf das Gutachten die Mängelhaftung im Sin-
    ne von Art. 367 ff. OR zur Anwendung. Der Auftraggeber wäre zur
    sofortigen Prüfung des Gutachtens und zu einer entsprechenden
    Mängelrüge verpflichtet, wenn er seine Mängelrechte nicht verlieren
    möchte. (Dieses Resultat wäre geradezu absurd, müsste doch der
    meist nicht fachkundige Besteller die Leistung des Experten überprü-
    fen oder überprüfen lassen, obwohl dieser Experte meist gerade we-
    gen seiner besonderen Fachkenntnisse beigezogen worden ist.) Ge-
    stützt auf Art. 371 OR in Verbindung mit Art. 210 OR würden in
    diesem Fall die Ansprüche des Auftraggebers gegenüber dem Exper-
    ten innerhalb eines Jahres verjähren. Demgegenüber würde die Be-
    stimmung von Art. 1.8.1 LHO eine Verlängerung (Verzehnfachung)
    der Verjährungsfrist darstellen. Eine solche Verlängerung ist zulässig.
    Sie würde dem Auftraggeber aber wenig nützen, da die kurze Prü-
    fungs- und Rügefrist unverändert bestehen würde.

B. Zu Artikel 1.8.2

22 Diese Bestimmung lehnt sich an die Vorschrift von Art. 371 Abs. 2
    OR an. Diese Norm steht im Werkvertragsrecht und gleicht die Haf-
    tung des Architekten oder Ingenieurs für Mängel an einem *unbeweg-
    lichen Bauwerk* der Verjährungsfrist für die Mängelansprüche des
    Bauherrn gegenüber den einzelnen Unternehmern an.

23 Diese Anpassung beschränkt sich auf die Verjährungsfrist. Sie beeinflusst die Rechtsnatur und den Inhalt der Ansprüche des Bauherrn gegenüber dem Architekten und dem Ingenieur nicht. Insbesondere wird also die auftragsrechtliche Sorgfaltshaftung des Beauftragten nicht etwa durch die kausale Erfolgshaftung des Unternehmers ersetzt.

24 Gegenüber dem Gesetz bringt diese Bestimmung von Art. 1.8.2 LHO somit nichts wesentlich Neues.

25 Wie die gesetzliche Norm bezieht sich auch diese LHO-Vorschrift nur auf die unbeweglichen Bauwerke. Sie gilt also nicht für bewegliche Werke. Bei diesen unterliegt der Haftungsanspruch des Bauherrn gegenüber dem Architekten oder Ingenieur in Übereinstimmung mit Art. 1.8.1 LHO und Art. 127 OR der zehnjährigen Verjährungsfrist, auch wenn die beteiligten Unternehmer gemäss Art. 371 Abs. 1 und 210 OR lediglich ein Jahr haften. Der Bauherr kann also unter Umständen den Architekten oder Ingenieur noch in einem Zeitpunkt belangen, in welchem er gegen die beteiligten Unternehmer nicht mehr vorgehen kann. In diesem Fall ist dem Architekten oder Ingenieur das Regressrecht auf die Unternehmer verwehrt.

26 Diese Verjährungsregelung entspricht nicht der Vorschrift von Art. 180 Abs. 1 Norm SIA 118, in welcher die Verjährung der Mängelansprüche für bewegliche und unbewegliche Werke einheitlich auf fünf Jahre festgesetzt worden ist. Diese Abweichung ist bedauerlich. Der SIA konnte diese Differenz aber nicht verhindern, denn die Verjährung der auftragsrechtlichen Schadenersatzansprüche ist im allgemeinen Teil des Obligationenrechts geregelt und kann daher nach Art. 129 OR nicht abgeändert werden. In diesem Punkt ist dem SIA-Normenwerk somit zu Unrecht Widersprüchlichkeit vorgeworfen worden (Schumacher, Die revidierten SIA Honorarordnungen 102 und 103, Baurechtstagung 1985/Tagungsunterlagen IV 3 S. 96).

27 Im letzten Satz dieser LHO-Bestimmung wird der Bauherr verpflichtet, allfällige Mängel an unbeweglichen Bauwerken sofort zu rügen. Dieser Satz kann lediglich die Bedeutung einer Obliegenheit des Bauherrn haben. Rügt dieser allfällige Mängel nicht, so verliert er gegenüber dem Architekten oder Ingenieur seine Schadenersatzansprüche nicht.

1.9   Urheberrecht

Mit Bezahlung des Honorars steht dem Auftraggeber das
Recht zu, die Arbeitsergebnisse des Architekten für den
vereinbarten Zweck zu verwenden. Im übrigen verbleibt
das Urheberrecht an seinem Werk beim Architekten.

Droit d'auteur

En s'acquittant des honoraires,
le mandant acquiert le droit de
faire usage du résultat des prestations de l'architecte aux fins
fixées dans le contrat. Sous cette réserve, l'architecte conserve
son droit d'auteur sur son œuvre.

Diritti d'autore

Con il pagamento dell'onorario, il
committente ha il diritto di utilizzare i risultati del lavoro dell'architetto per gli obiettivi convenuti
dal contratto. Per il resto
all'architetto spettano il diritti
d'autore sulla sua opera.

Zu Artikel 1.9

1   Entgegen ihrem Titel regelt diese LHO-Bestimmung nicht das Urheberrecht an sich, sondern nur den urheberrechtlichen Teilaspekt der
zweckmässigen Verwendung. In diesem Sinne muss der Titel präzisiert werden.

2   Der LHO-Artikel setzt die Existenz eines Urheberrechts voraus (vgl.
unten N. 6 ff.) ohne sich mit den Voraussetzungen, Bedingungen und
Formen seiner Entstehung zu befassen. Dies entspricht konsequent
der schweizerischen Urheberrechtsordnung, welche im Bundesgesetz
betreffend das Urheberrecht an Werken der Literatur und Kunst vom
7. Dezember 1922 (URG; SR 231.1) begründet ist. Auf dieses Gesetz
und in beschränktem Masse auch auf die von der Schweiz unter-
zeichneten internationalen Urheberrechtsabkommen (Berner Über-

einkunft vom 9. September 1886 zum Schutz von Werken der Literatur und Kunst (RBUe; SR. 0.221.231.11) und Welturheberrechtsabkommen vom 5. September 1952 (WUA; SR. 0.221.231.0) ist zu verweisen.

3 Diese gesetzliche Ordnung legt – in Übereinstimmung mit dem gesamten übrigen schweizerischen Immaterialgüterrecht – fest, dass ein Urheberrecht nicht durch Rechtsgeschäft geschaffen werden kann: Es ist also ausgeschlossen, dass ein Urheberrecht durch vertragliche Vereinbarungen mehrerer Parteien oder gar durch eine einseitige Willenserklärung einer einzigen Person erzeugt werden könnte. Das Urheberrecht entsteht vielmehr von Gesetzes wegen automatisch immer aber auch nur dann, wenn die von der Rechtsordnung verlangten Voraussetzungen erfüllt sind. Es kommt nicht darauf an, ob der Urheber ein geschütztes Werk schaffen will oder nicht. Das Urheberrecht entsteht durch eine blosse Tathandlung, welche auch Realakt genannt wird (Troller, Immaterialgüterrecht, Bd. I S. 116). Diese Regelung entspricht der Tatsache, dass die Rechtsordnung nicht allen immateriellen Werten, sondern nur einem abschliessend bestimmten Kreis daraus die Qualität eines rechtlich geschützten Immaterialgutes zukommen lassen will. Es gibt einen numerus clausus der zugelassenen Immaterialgüter (Troller, a.a.o. S. 53 ff.)

4 Die LHO verzichtet daher zu Recht darauf, die Voraussetzungen für die Entstehung eines Urheberrechts wiederzugeben. Es könnte sich dabei nur um eine deklaratorische Aufzählung der gesetzlichen Entstehungsbedingungen und der dazu entwickelten Rechtspraxis handeln. Jeder Versuch der LHO, den Urheberrechtsbegriff weiter zu fassen und seine Anwendung auf zusätzliche Tatbestände auszudehnen, müsste zum vornherein an der Unmöglichkeit scheitern, ein Urheberrecht durch Rechtsgeschäft begründen zu können.

5 In gleicher Weise bestimmt die Urheberrechtsordnung auch den Inhalt und Umfang des Rechtsschutzes, welcher sich aus dem Urheberrecht an einem bestimmten Werk ergibt. Auch hier bleibt – in bezug auf die grundsätzliche Regelung – kein Raum für rechtsgeschäftliche Ergänzungen oder Änderungen. Es kann auf die analoge Situation beim sachenrechtlichen Eigentum verwiesen werden. Die LHO verzichtet daher richtigerweise auch darauf, Inhalt und Umfang des Urheberrechts näher zu umschreiben.

6 Die LHO beschränkt sich in der vorliegenden Bestimmung darauf, die Übertragung des Ausführungsrechts auf den Auftraggeber zu regeln. Dabei setzt sie die Existenz eines Urheberrechts voraus. Die Vorschrift von Art. 1.9 LHO ist somit nur anwendbar, wenn der Architekt oder Ingenieur gemäss den gesetzlichen Bestimmungen an seiner Leistung tatsächlich ein Urheberrecht hat.

7 Ein derartiges Urheberrecht an der Architekten- oder Ingenieurleistung ist nun keine Selbstverständlichkeit, denn nach der gesetzlichen Ordnung besteht es keineswegs in allen Fällen. Einzelne Leistungen des Architekten oder Ingenieurs (z. B. das Ausarbeiten von Submissionsunterlagen oder das Erstellen eines Kostenvoranschlages) sind zudem grundsätzlich vom Urheberrecht ausgeschlossen. Andererseits besteht durchaus die Möglichkeit, dass Architekten- oder Ingenieurleistungen als Werke der Baukunst urheberrechtlich geschützt sind.

8 Nach Art. 1 Abs. 1 URG geniessen «Werke der Literatur und Kunst» den Urheberrechtsschutz. Eine klare und eindeutige Definition dieser geschützten Werke enthält das Gesetz nicht. In Art. 1 Abs. 2 URG ist jedoch eine lange Liste einzelner Werktypen aufgezählt, welche vom Ausdruck «Werke der Literatur und Kunst» umfasst werden: Als Unterart der Werke bildender Kunst werden dort ausdrücklich auch die Werke der Baukunst genannt. Ob der Architekt oder Ingenieur für seine Leistung den Schutz des URG in Anspruch nehmen kann oder nicht, hängt somit davon ab, ob er im Sinne dieser Gesetzesbestimmung ein Werk der Baukunst geschaffen hat oder nicht.

9 Vorab ist festzuhalten, dass der Begriff «Werk» im Urheberrecht nicht etwa mit demjenigen des Werkvertragsrechts (Art. 363 OR) identisch ist oder gleichgesetzt werden darf. Die Antwort auf die Frage nach dem Urheberrechtsschutz ist somit völlig unabhängig davon, ob der Architekten- und Ingenieurvertrag dem Werkvertragsrecht oder dem Auftragsrecht zugerechnet wird. Ausschlaggebend sind andere Kriterien, welche allein im Urheberrecht liegen.

10 Zunächst ist festzuhalten, dass sich der Urheberrechtsschutz nicht etwa nur auf eigentliche Kunstwerke im Sinne einer aussergewöhnlichen und hervorragenden, anerkannten Sonderleistung bezieht. Der

116

Urheberrechtsschutz knüpft also nicht etwa an das Kriterium der ästhetischen Qualität (ästhetisch hochstehend) an, welches ohnehin kaum präzise und eindeutig definiert werden könnte. Dieses unsichere Kriterium wäre keine taugliche Basis für die sehr bedeutsame Rechtsentscheidung, ob einer bestimmten Leistung der Urheberrechtsschutz gewährt werden dürfe oder nicht. Die Qualifikation einer Architekten- oder Ingenieurleistung als Werk der Baukunst muss daher unabhängig vom ästhetischen Empfinden sein, welches von Person zu Person ändert und in der Zeit schwankt. Kurz gesagt: Auch eine ästhetisch schlechte Leistung, welche von vielen Rechtssubjekten abgelehnt wird, ist urheberrechtlich geschützt, wenn die nachfolgend genannten objektiven Kriterien erfüllt sind.

11 In Übereinstimmung mit dem massgebenden Bundesgerichtsentscheid BGE 56 II 418 gehen Lehre und Rechtsprechung übereinstimmend davon aus, dass grundsätzlich alle Raumgestaltungen, welche von einem Architekten oder Ingenieur geschaffen worden sind, zur Kategorie «Werke der Baukunst» gehören können, insbesondere Hochbauten aller Art, Innenraumgestaltungen, Garten- und Parkanlagen usw. (Troller, Probleme des urheberrechtlichen Schutzes von Werken der Baukunst, S. 7). Dabei sind Leistungen der Ingenieure grundsätzlich in gleicher Weise schutzfähig wie Leistungen der Architekten. Auch Leistungen des Tiefbaus können grundsätzlich zu den Werken der Baukunst zählen.

12 Die Tatsache, dass eine bestimmte Leistungsart grundsätzlich zu den Werken der Baukunst gehören kann, bedeutet nun aber nicht automatisch, dass eine konkrete Leistung dieser Art auch tatsächlich in den Genuss des Urheberrechtsschutzes kommt. Dies ist vielmehr nur dann der Fall, wenn diese Leistung einen minimalen Grad von Neuartigkeit und Kreativität aufweist (BGE 100 II 172), so dass sie als «eigenartige Geistesschöpfung von selbständigem Gepräge» qualifiziert werden kann. Die Leistung muss also wenigstens in bescheidenem Masse originell sein (BGE 58 II 301: «simple originalité»). Der gleiche Sachverhalt, welcher Voraussetzung für den Urheberrechtsschutz ist, wurde auch mit dem Begriff der «statistischen Einmaligkeit» und der «Individualität» der Leistung umschrieben. Gemeint ist immer dasselbe (Troller, Probleme des urheberrechtlichen Schutzes von Werken der Baukunst, S. 8 ff.).

13 Ein schützenswertes Werk der Baukunst kann somit nur dann gegeben sein, wenn der Architekt oder Ingenieur über einen gewissen Ge-
staltungsspielraum verfügt. Dies ist umso weniger der Fall, je mehr
technische Notwendigkeiten und Randbedingungen die Lösung vor-
bestimmen. Im besonderen Masse kann der Verwendungszweck (z. B.
bei einem Wasserleitungsstollen) die möglichen Lösungen beschränken. Ebenso können auch öffentlich-rechtliche Bauvorschriften, welche zu stark ins Detail gehen oder zu viele, sich überlagernde Kriterien aufweisen, den Handlungsspielraum begrenzen. Im Extremfall
schliessen diese Randbedingungen eine originelle Leistung zum vornherein aus. Normalerweise bleibt dem Architekten oder Ingenieur
aber doch eine wenigstens minimale Möglichkeit für eine kreative
Lösung. Dies gilt selbst bei Ingenieurleistungen, welche im allgemeinen stärker durch Randbedingungen vorbestimmt sind als Architek-
tenleistungen.

14 Ohne der konkreten Prüfung vorzugreifen, welche im Einzelfall viel-
leicht zu einem negativen Resultat kommen muss, kann doch festgehalten werden, dass die gestalterischen Leistungen der Architekten
und Ingenieure in den meisten Fällen die geforderte minimale Origi-
nalität aufweisen, so dass sie urheberrechtlich geschützte Werke der
Baukunst sind. Diese Vermutung gründet auf der Erfahrung, dass es
kaum je Situationen gibt, in welchen die Kreativität durch zwingende
Randbedingungen praktisch ausgeschlossen wäre.

15 Der Urheberrechtsschutz muss sich nicht notwendigerweise auf ein
ganzes Bauobjekt beziehen. Vielmehr kann er auch nur für einzelne
Teile davon (z. B. für die Fassadengestaltung eines Hauses) gegeben
sein und für andere wegfallen. Auch die Frage nach der Ausdehnung
des Urheberrechtsschutzes kann nur aufgrund einer konkreten Prüfung anhand der genannten objektiven Kriterien beantwortet werden.

16 Wichtig ist an dieser Stelle noch die Feststellung, dass das urheberrechtlich geschützte Werk der Baukunst immer ein genau festgeleg-
tes, konkretes Objekt sein muss. Davon sind der Baustil, als generelle
ästhetische Handlungsanweisung und die funktionale Idee zu unterscheiden, welche beide nicht in den Genuss des Urheberrechtsschutzes gelangen können (Troller, Probleme des urheberrechtlichen
Schutzes von Werken der Baukunst, S. 27 ff.).

118

17 Klarzustellen ist ferner, dass auch der geistige Gehalt des Werkes, die Gestaltungsidee, Gegenstand des Urheberrechtsschutzes ist. Der Ausdruck dieser Idee in der materiellen Form der Skizzen und Pläne einerseits und des vollendeten Bauwerks andererseits stellen lediglich zwei Mitteilungsformen dieser einen Idee dar. Es ist also nicht etwa so, dass der vollendete Bau eine Kopie eines in den Plänen festgelegten Originals wäre (Troller, Probleme des urheberrechtlichen Schutzes von Werken der Baukunst, S. 64 ff.).

18 Der Inhalt des Urheberrechts ist in Art. 12 URG allgemein umschrieben und wird in den nachfolgenden Art. 13 ff. URG in verschiedener Hinsicht präzisiert. Es wird darauf verwiesen.

19 Das Urheberrecht umfasst nach Art. 12 Abs. 1 Ziff. 1 URG insbesondere das ausschliessliche Recht, das Werk durch irgendein Verfahren wiederzugeben. Gemäss Art. 14 URG bedeutet dies bei Entwürfen für Werke der Baukunst insbesondere, dass der Urheber auch allein das Recht hat, den Entwurf auszuführen.

20 Gemäss Art. 36 ff. URG dauert der Urheberrechtsschutz 50 Jahre über den Tod des Urhebers hinaus. Im Gegensatz zum sachenrechtlichen Eigentum besteht das Urheberrecht («geistiges Eigentum») somit – wie alle andern Immaterialgüterrechte – nur für eine bestimmte Zeit; es ist befristet. Nach Ablauf dieser Frist ist die Gestaltungsidee wieder zur Benutzung und Nachahmung frei.

21 Geht man allein von der urheberrechtlichen Regelung aus, so könnte also der Architekt oder Ingenieur seinem Auftraggeber die Ausführung des Werkes verbieten. Dies stände aber im offensichtlichen Widerspruch zum Sinn und Zweck eines Architekten- oder Ingenieurauftrages.

22 In Übereinstimmung mit Art. 9 URG, welcher sowohl die Übertragung des Urheberrechts als Ganzes als auch die Übertragung einzelner Teilbefugnisse aus dem Urheberrecht auf einen Dritten zulässt, hält Art. 1.9 LHO nun fest, dass mit der Bezahlung des Honorars das Recht zur zweckmässigen Verwendung auf den Auftraggeber übertragen werde. Diese LHO-Vorschrift will der Interessenlage beim Auftrag Rechnung tragen. Sie ist grundsätzlich zu begrüssen. Leider sie aber sehr unklar und unpräzise.

23 Die Vorschrift von Art. 1.9 LHO legt sicher fest, dass das Verwendungsrecht erst dann vom Urheber auf den Auftraggeber übergeht, wenn das ganze geschuldete Honorar bezahlt ist. Vor der vollständigen Honorarzahlung verbleibt das Verwendungsrecht in Übereinstimmung mit Art. 12 Abs. 1 Ziff. 1 und 14 URG ausschliesslich beim Architekten oder Ingenieur. In dieser zeitlichen Hinsicht ist die LHO-Bestimmung klar.

24 Unklar ist aber, welches Honorar denn die LHO überhaupt meint: Meint sie das Honorar für den Gesamtauftrag (100 Teilleistungsprozente) oder meint sie das Honorar für die bisher, bis zu einem Auftragsentzug aufgelaufenen Arbeiten? Die LHO könnte aber auch das ganze Honorar für die kreativen Phasen (z. B. Vorprojekt- und Projektphase nach Art. 4.1 und 4.2 LHO 102) meinen. Die Antwort lässt sich umso schwieriger geben, als die neuen LHO auf einen Honorarzuschlag für die Abgeltung des Urheberrechts verzichten, wie er z. B. in Art. 5.5 Ordnung SIA 102 (Ausgabe 1969) noch enthalten war.
In Anbetracht dieser Unklarheit und mit Rücksicht auf die allgemeinen Regeln der Vertragsauslegung ist davon auszugehen, dass das Verwendungsrecht mit der Bezahlung des gesamten Honorars für die erbrachten Leistungen übergeht. Dies ist im Regelfall für den Auftraggeber und Bauherrn die günstigste Lösung.

25 Der vereinbarte Zweck wird im Regelfall in der einmaligen Ausführung des Werkes (z. B. Bau eines Hauses nach den erarbeiteten Plänen) bestehen. Ist nichts anderes vereinbart, so spricht aufgrund der allgemeinen Lebenserfahrung die Vermutung dafür, dass lediglich eine einmalige Werkausführung vereinbart war. In diesem Fall darf der Auftraggeber und Bauherr das Werk auch nur ein einziges Mal ausführen. Es ist aber denkbar, dass dem Auftrag zum vornherein ein weiterer Verwendungszweck zugrunde lag (z. B. bei der Planung eines Fertighaustyps für die Serienfabrikation). In diesem Fall erwirbt der Auftraggeber mit der Bezahlung des Honorars das Recht, das Werk in der geplanten (bestimmten oder unbestimmten) Zahl herzustellen.

26 Die vorliegende LHO-Bestimmung hält weiter fest, dass alle übrigen Kompetenzen, welche aus dem Urheberrecht fliessen, auch nach der

Bezahlung des Honorars beim Architekten oder Ingenieur als Urheber verbleiben. Dieser Hinweis dient der Klarheit. Er entspricht der in Art. 9 Abs. 2 URG enthaltenen Regelung.

27 Gemäss dieser Gesetzesvorschrift bedeutet dies unter anderem, dass das gesamte Änderungsrecht weiterhin beim Urheber bleibt. Mit der Bezahlung des Honorars erhält der Auftraggeber somit nur das Recht zur unveränderten Verwendung des Werkes zum vereinbarten Zweck. Sobald er daran Änderungen vornehmen will, ist er auf die Zustimmung des Urhebers angewiesen.

28 Dies bedeutet insbesondere, dass der Bauherr das zur einmaligen Verwendung erworbene Werk der Baukunst (Bauprojekt) nicht durch einen andern Fachmann weiterbearbeiten lassen darf, denn eine derartige Weiterbearbeitung schliesst naturgemäss eine Änderung in sich.

29 Aus der Tatsache, dass das Urheberrecht und die daraus fliessende Änderungskompetenz beim Architekten oder Ingenieur verbleiben, kann auch nach der vertragsgemässen Ausführung des Werkes zu Schwierigkeiten führen: Will der Eigentümer des ausgeführten Baues (welcher nicht notwendig mit dem seinerzeitigen Auftraggeber identisch sein muss) das Werk später abändern, so kann ihm dies der Architekt oder Ingenieur nach den Bestimmungen des Urheberrechts verbieten. Umgekehrt ist der Eigentümer des Baues nach Art. 641 ff. ZGB sachenrechtlich befugt, über sein Eigentum frei zu verfügen. Es entsteht dann ein Interessenkonflikt, der weder im Urheberrecht noch im Zivilgesetzbuch gelöst ist. Im Streitfall muss der Richter nach pflichtgemässem Ermessen eine angemessene Lösung finden, welche den widerstrebenden Interessen Rechnung trägt. Eine allgemein gültige Regel kann nicht aufgestellt werden. Die folgenden Überlegungen mögen immerhin als Richtschnur dienen:

30 Den Interessen des Eigentümers an der Abänderung ist um so eher der Vorrang zu geben, je mehr die geplanten Änderungen vom Nutzungszweck her funktional bedingt sind. Umgekehrt haben rein ästhetisch begründete Änderungswünsche im allgemeinen hinter die Interessen des Urhebers zurückzutreten.

31 Immer zuzulassen sind Änderungen, welche sich aus Gründen der Sicherheit oder aufgrund von öffentlich-rechtlichen Vorschriften aufdrängen.

32 Zugelassene Änderungen sollen so vorgenommen werden, dass das urheberrechtlich geschützte Werk nicht mehr als nötig betroffen wird. Allfällige Erweiterungsbauten sollen stilistisch angepasst werden.

33 Mit zu berücksichtigen ist aber auch die Tatsache, dass das Eigentumsrecht dauernd, das Urheberrecht dagegen befristet ist. Je näher das Ende des Urheberrechts schon ist, umso eher ist den Wünschen des Eigentümers der Vorzug zu geben.

34 Die Bestimmung von Art. 1.9 LHO befasst sich lediglich mit dem Verhältnis zwischen dem beauftragten Architekten oder Ingenieur und dem Bauherrn. Dies liegt in der Natur der LHO als allgemeine Geschäftsbedingung für das Architekten- oder Ingenieurvertragsverhältnis. Die vorliegende LHO-Vorschrift äussert sich somit nicht zur Frage, wer allenfalls innerhalb des beauftragten Architekten- oder Ingenieurbüros der Träger des Urheberrechts ist. Für diese Problematik muss auf die allgemeine Literatur zum Immaterialgüter- und Urheberrecht verwiesen werden (vgl. insbesondere Troller, Immaterialgüterrecht).

35 Die Bestimmung von Art. 1.9 LHO sagt auch nichts darüber aus, ob auf eine bestimmte Leistung eines Architekten oder Ingenieurs allenfalls andere immaterialgüterrechtliche Schutzvorschriften zur Anwendung kommen können. Es wäre gegebenenfalls an den Patent- oder an den Muster- und Modellschutz zu denken. Auch auf diese Möglichkeiten kann hier nicht näher eingetreten werden.

1.10   Aufbewahrung von Dokumenten

.1 Originalarbeitsunterlagen bleiben Eigentum des Architekten. Sie sind als Originale oder in geeigneter anderer,
reproduzierbarer Form während zehn Jahren ab Beendigung des Auftrages aufzubewahren.

.2 Der Auftraggeber ist berechtigt, davon Kopien erstellen
zu lassen. Er hat dem Architekten die entsprechenden
Auslagen zu ersetzen.

Conservation des documents

.1 L'architecte reste propriétaire
des documents de travail origi-
naux, qui devront être conservés
pendant dix ans dès la fin du
mandat sous leur forme initiale
ou sous une forme se prêtant à
la reproduction.

.2 Le mandant a le droit d'en faire
établir des copies à ses frais.

Conservazione dei documenti

.1 I documenti di lavoro originali
rimangono di proprietà
dell'architetto. Egli deve conser-
varli per 10 anni dalla fine del
mandato come originali o in altra
forma che si presti alla riprodu-
zione.

.2 Il committente è autorizzato a
riprodurre i documenti a sue
spese.

A. Zu Artikel 1.10.1

1   Diese LHO-Bestimmung legt zunächst klar fest, dass sämtliche Originalarbeitsunterlagen Eigentum des Architekten bleiben. Der Bauherr
kann somit ihre Herausgabe nicht verlangen.

2   Unter Originalarbeitsunterlagen sind die Originalpläne, aber auch
Skizzen, Berechnungen usw. zu verstehen.

123

3 Als Eigentümer dieser Arbeitsunterlagen kann der Architekt oder Ingenieur darüber grundsätzlich frei verfügen. Er kann sie – sofern sich dafür eine Möglichkeit bietet – weiterverwenden. Er kann sie aber auch zerstören.

4 Dieses dingliche Recht zur freien Verfügung wird durch die obligatorische Verpflichtung des Architekten oder Ingenieurs eingeschränkt, während zehn Jahren dafür zu sorgen, dass sich der Bauherr die notwendigen Kopien anfertigen lassen kann. Wie der Architekt diese Pflicht erfüllt, ist ihm freigestellt. Er kann die Originalarbeitsunterlagen aufbewahren. Er kann aber auch eine andere gleichwertige Form (Mikrofilm, Computerspeicherung usw.) wählen. Der Bauherr hat keinen Einfluss auf die Art der Aufbewahrung.

5 Verletzt der Architekt oder Ingenieur diese Pflicht, so wird er dem Bauherrn schadenersatzpflichtig. Er muss also die Kosten für die allenfalls notwendige Rekonstruktion der nötigen Arbeitsunterlagen ersetzen. Es gilt diesbezüglich das vorne zu Art. 1.6 über das Schadenersatzrecht Gesagte.

B. Zu Artikel 1.10.2

6 Der Bauherr hat ein unabdingbares Recht, sich von diesen Originalunterlagen Kopien machen zu lassen. Er braucht dafür kein besonderes Interesse nachzuweisen. Umgekehrt hat der Architekt oder Ingenieur kein Recht, die Herausgabe dieser Kopien zu verweigern.

7 Auch die Verletzung dieser Pflicht kann für den Architekten oder Ingenieur Schadenersatzfolgen im Sinne von Art. 1.6 LHO nach sich ziehen.

8 Die Bestimmung stellt klar, dass der Bauherr dem Architekten oder Ingenieur die Reproduktionsauslagen bezahlen muss. Es handelt sich dabei um einen Verwendungsersatz im Sinne von Art. 402 Abs. 1 OR. Ein Honorar schuldet der Bauherr für diese Kopierarbeiten nicht.

9 Der Architekt muss die Kopien nur gegen gleichzeitige Bezahlung dieser Auslagen herausgeben. Dies ergibt sich aus Art. 82 OR, denn die Herausgabe der Kopien und der Verwendungsersatz stehen in einem gegenseitigen Austauschverhältnis.

1.11   Veröffentlichungen

.1 Der Architekt ist berechtigt, sein Werk unter Wahrung
der Interessen des Auftraggebers zu veröffentlichen.

.2 Es steht ihm auch das Recht zu, in entsprechenden Ver-
öffentlichungen des Auftraggebers oder Dritten als
Urheber genannt zu werden.

Publications

.1 L'architecte a le droit de publier
son œuvre sous réserve de la
sauvegarde des intérêts de son
mandant.

.2 Lorsque le mandant ou un tiers
entend présenter dans une
publication un ouvrage de
l'architecte, celui-ci a le droit
d'être désigné comme en étant
l'auteur.

Pubblicazioni

.1 L'architetto è autorizzato a
pubblicare la sua opera tute-
lando gli interessi del committente.

.2 Egli ha il diritto di figurare come
autore dell'opera in pubblicazioni
effettuate dal committente o da
terzi.

A. Zu Artikel 1.11.1

1 Der Architekt oder Ingenieur kann ein berechtigtes Interesse daran
haben, sein Werk im Sinne des Urheberrechts (vgl. oben N. 8 ff. zu
Art. 1.9) zu veröffentlichen und bekannt zu machen. Dieses Interesse
findet seine rechtliche Grundlage in der urheberrechtlichen Beziehung des Architekten oder Ingenieurs zu seinem Werk.

125

2 Umgekehrt hat der Auftraggeber bzw. der Eigentümer des fertigen
Werks unter Umständen ein schützenswertes Interesse daran, dass
dieses nicht oder nur unter bestimmten Einschränkungen publiziert
wird. Dieses Interesse kann einen Zusammenhang mit der Wahrung
der Privatsphäre (z. B. bei einem Einfamilienhaus) haben oder der
Geheimhaltung bestimmter Tatsachen (wirtschaftlicher, sicherheits-
mässiger oder militärischer Natur) dienen. Dieses Interesse wird vorab durch die sachenrechtlichen Eigentümerbefugnisse geschützt.

3 Zwischen den sich widersprechenden Interessen muss nötigenfalls ein
fairer Ausgleich gefunden werden. Die richtige Lösung hat im Einzelfall der Richter unter Würdigung aller konkreten Umstände zu treffen.

4 Die vorliegende LHO-Bestimmung räumt nun vorab dem Architekten oder Ingenieur das Publikationsrecht ein. Dieses gilt, sofern und
soweit der Auftraggeber bzw. Werkeigentümer nicht ein gegenteiliges
Interesse geltend macht und nachweisen kann.

5 Die Bestimmung schiebt also die Interventions- und Beweislast dem
Werkeigentümer zu.

6 Zweifellos wäre theoretisch auch die umgekehrte Lösung möglich gewesen. Gründe der Praktikabilität sprechen aber für den von der
LHO eingeschlagenen Weg.

7 Immerhin wäre es wohl besser gewesen, wenn die LHO den Architekten oder Ingenieur generell verpflichtet hätte, den Auftraggeber
bzw. Werkeigentümer im voraus über eine geplante Publikation zu
informieren. Auf diese Weise hätte der Werkeigentümer die bessere
Chance gehabt, eine unzulässige Publikation zu verhindern. Erfolgt
keine derartige Information im voraus, so wird der Werkeigentümer
die Publikation nicht mehr verhindern und nur noch einen allfälligen
Schadenersatzanspruch geltend machen können.

8 Die Bestimmung der LHO ist in ihrem Wortlaut zu eng. Sie spricht
lediglich vom Schutz der Interessen des Auftraggebers. In Tat und
Wahrheit müssen aber nicht primär die Interessen des Auftraggebers,
sondern vielmehr diejenigen des aktuellen Werkeigentümers ge-

schützt werden. Arbeitet beispielsweise der Architekt im Auftrage eines Generalunternehmers, welcher für einen Dritten ein Gebäude erstellt, so ist bei einer entsprechenden Publikation vorab das Interesse des Dritten und nicht dasjenige des Generalunternehmers zu wahren.

B. Zu Artikel 1.11.2

9 Diese Bestimmung setzt stillschweigend voraus, dass der Auftraggeber bzw. der Werkeigentümer Publikationen über das fertige Bauwerk vornehmen dürfen. Soweit dies urheberrechtlich nicht selbstverständlich ist, beinhaltet diese Bestimmung die dafür notwendige stillschweigende Zustimmung.

10 Umgekehrt hat der Architekt oder Ingenieur das Recht, als Urheber bezeichnet und genannt zu werden.

11 Die vorliegende LHO-Bestimmung ist soweit nicht von Bedeutung, als die Publikation durch Dritte erfolgt, welche nicht Vertragspartei sind. Materiell gilt dann allerdings aufgrund des allgemeinen Urheberrechts im wesentlichen das gleiche.

1.12 Honorierungsgrundsätze

Das Honorar soll der erbrachten Leistung entsprechen.
Das volle vereinbarte Honorar ist nur für die vertragsgemäss erbrachte Leistung geschuldet.

Bases de la rémunération

Les honoraires doivent corres-
pondre aux prestations accomplies. Le montant total des honoraires convenus n'est dû que si
les prestations ont été accomplies conformément au contrat.

Principi rimunerativi

L'onorario deve corrispondere
alle prestazioni fornite. L'onorario complessivo convenuto è
dovuto solo per le prestazioni
fornite conformemente al
contratto.

Zu Artikel 1.12

1 Der Honoraranspruch des Beauftragten hat seine Grundlage in Art.
394 Abs. 3 OR. Diese Honorierung ist nicht mit dem Auslagen- und
Verwendungsersatz von Art. 402 OR zu verwechseln.

2 Es ist üblich, dass die Leistungen der Architekten und Ingenieure nur
gegen eine Vergütung erfolgen. Unter Vorbehalt einer nachgewiesenen anderslautenden Vereinbarung ist daher immer ein Honorar geschuldet (vgl. oben N. 20 ff. zu Art. 1.1 LHO).

3 Für die Berechnung des angemessenen Honorars stellen die SIA-Ord-
nungen Honoraransätze und Berechnungsgrundlagen zur Verfügung.
Dies wird bereits in Art. 1.1.2 gesagt und hier vorausgesetzt. Diese
Ansätze bauen auf den Leistungsbeschreibungen auf.

4   Mit dem Zeittarif (Art. 6 LHO 102, 103 und 108) und dem Kostentarif (Art. 8 LHO 102, Art. 7 LHO 103 und 108) werden den Parteien für den Architekten- und Ingenieurvertrag zwei grundverschiedene Honorierungssysteme angeboten. Für den Architektenvertrag besteht mit dem Volumentarif (Art. 9 LHO 102) ein drittes Honorierungssystem.

5   In Art. 5 LHO 102, 103 und 108 sind die allen Honorierungssystemen gemeinsamen Regeln zusammengefasst. Es wird auf diese LHO-Vorschrift verwiesen.

6   Die vorliegende Bestimmung von Art. 1.12 LHO hält nun den generellen und selbstverständlichen Grundsatz fest, dass das in der LHO vorgesehene Honorar der erbrachten Leistung entsprechen muss. Hat der Architekt oder Ingenieur seine Pflichten nicht oder nur schlecht erfüllt, so muss sein Honorar gekürzt oder allenfalls ganz gestrichen werden.

7   Die Honorarkürzung erfolgt unabhängig davon, ob dem Bauherrn aus der unvollständigen oder schlechten Auftragserfüllung ein Schaden entstanden ist oder nicht.

8   Gemäss Art. 8 ZGB trägt der Architekt oder Ingenieur die Beweislast dafür, dass er den Auftrag vollständig und einwandfrei erfüllt hat, so dass er das volle vereinbarte Honorar fordern kann.

9   Die vorliegende Bestimmung steht hier etwas isoliert und wäre systematisch besser bei Art. 5 LHO eingeordnet worden.

1.13 Zahlungsbedingungen und Abrechnungen

.1 Die Begleichung der Rechnungen hat innert dreissig Tagen nach Rechnungsstellung zu erfolgen.

.2 Die Parteien können eine schrittweise und definitive Abrechnung aufgrund erbrachter Leistungen vereinbaren.
Können in solchen Fällen der Leistung keine honorarberechtigten Baukosten zugeordnet werden, erfolgt die Abrechnung aufgrund der letzten Kostenermittlung.

.3 Der Architekt hat Anspruch auf Akontozahlungen von mindestens 90 % der erbrachten Leistung.

.4 In besonderen Fällen kann der Architekt Sicherstellung seines Honorars oder angemessene Vorauszahlung verlangen.

Conditions de payement

.1 Les factures sont payables dans un délai de trente jours après leur présentation.

.2 Les parties peuvent convenir d'arrêter les honoraires à titre définitif par étapes correspondant aux diverses prestations, au fur et à mesure de leur accomplissement.
Si, dans un tel cas, la prestation ne peût pas être rattachée à un

Condizioni di pagamento e liquidazione

.1 Il saldo delle fatture deve avvenire entro 30 giorni dalla presentazione.

.2 Le parti possono convenire liquidazioni intermedie, quindi definitive, sulla base delle prestazioni fornite.
Se non è possibile in questi casi attribuire alle prestazioni costi determinanti per il calcolo degli onorari, il conteggio è determi-

1.13 coût effectif d'ouvrage donnant droit à honoraires, le montant des honoraires correspondants sera calculé sur la base de la plus récente estimation du coût de l'ouvrage.

nato sulla base dell'ultima stima dei costi.

.3 L'architecte a droit à des accomptes correspondant à 90 % au moins des prestations accomplies.

.3 L'architetto ha diritto ad acconti pari almeno al 90 % delle prestazioni fornite.

.4 Dans certains cas, l'architecte peut demander des sûretés garantissant ses honoraires, ou le versement d'une provision raisonnable.

.4 In casi particolari, l'architetto può esigere garanzie per il suo onorario oppure un adeguato anticipo.

A. Zu Artikel 1.13.1

1 Diese LHO-Bestimmung regelt die Fälligkeit. Sie gilt sowohl für Honorarforderungen (Vergütungsforderungen nach Art. 394 Abs. 3 OR) als auch für Nebenkostenersatzforderungen (Auslagen- und Verwendungsersatz nach Art. 402 Abs. 1 OR).

2 Diese Fälligkeitsregelung gilt sowohl für Akontozahlungsgesuche (Zwischenrechnungen) nach Art. 1.13.3 LHO als auch für die Schlussrechnung.

3 Eine derartige Fälligkeitsvereinbarung ist nach Art. 75 OR zulässig. Bezüglich der Fristberechnung gelten Art. 77 und 78 OR.

4 Dieser LHO-Bestimmung kommt aber nicht die Bedeutung der Vereinbarung eines bestimmten Verfalltages nach Art. 102 Abs. 2 OR zu. Nach Ablauf der 30tägigen Zahlungsfrist muss der Architekt oder Ingenieur daher den Bauherrn mahnen, damit dieser in Verzug fällt (Art. 102 Abs. 1 OR) und der Verzugszins nach Art. 104 OR zu laufen beginnt.

5 Die 30tägige Zahlungsfrist wird selbstverständlich nur durch eine gehörige Rechnung ausgelöst. Gehörig ist die Rechnung dann, wenn sie die notwendigen Angaben enthält, welche der Bauherr zu einer ersten Rechnungsprüfung benötigt. Bei der Honorierung im Zeittarif sind dies die aufgewendeten Stunden und die eingesetzten Honoraransätze. Bei einem Akontogesuch nach Art. 1.13.3 LHO hat der Architekt oder Ingenieur anzugeben, welche Leistungen seiner Meinung nach bereits erfüllt sind, welches Honorar demnach bereits verdient ist und welchen Prozentsatz er davon als Akontozahlung verlangt.

6 Für eine gültige Rechnungstellung ist es nicht erforderlich, dass bereits Belege beigelegt werden oder die geltend gemachten Leistungen im einzelnen detailliert werden. Die Rechnung muss einfach dem verkehrsüblichen Mass entsprechen, nicht aber bereits die Substanzierung einer Honorarklage enthalten.

7 Welche Auswirkungen diese Bestimmung zusammen mit Art. 1.13.3 LHO auf die Verjährungsfrist hat, ist bereits oben zu Art. 1.8 dargetan worden (vgl. N. 13 zu Art. 1.8).

B. Zu Artikel 1.13.2

8 Diese LHO-Bestimmung setzt stillschweigend den Grundsatz voraus, dass die definitive Abrechnung erst nach Abschluss des ganzen Auftrages gesamthaft erfolgen soll und kann. Dieser Grundsatz ist eine Konsequenz der grundsätzlichen Vorschrift beim Kostentarif, dass sich das Honorar auf der Grundlage der wirklichen Kosten des ausgeführten Bauwerks gemäss Bauabrechnung (unter Berücksichtigung bestimmter Abzüge) berechnet (Art. 8.4.1 LHO 102, Art. 7.3.1 LHO 103 und 108). Diese definitive Berechnungsbasis liegt naturgemäss erst nach Abschluss des gesamten Auftrages vor.

9 Diese Regelung wird durch den Anspruch des Architekten oder Ingenieurs auf Akontozahlungen gemäss Art. 1.13.3 LHO ergänzt.

10 Dieser Grundsatz und der Akontozahlungsanspruch stehen logischerweise vor der Bestimmung von Art. 1.13.2 LHO.

132

11 Die Parteien können nun von dieser grundsätzlichen Regelung abweichen und stattdessen vereinbaren, dass etappenweise (sei es pro Zeiteinheit oder pro Teilleistungen) jeweils eine definitive Abrechnung erstellt wird. Die Parteien werden dies vor allem dann tun, wenn der Gesamtauftrag sehr lange dauern wird.

12 Dass die Parteien diese Möglichkeit haben, ist eine Selbstverständlichkeit. Eine besondere Erwähnung in der vorliegenden Bestimmung wäre an sich nicht notwendig.

13 Wichtig ist diese Vorschrift nur deshalb, weil bei einer derartigen etappenweisen Abrechnung ja die an sich massgebenden effektiven Baukosten noch gar nicht zur Verfügung stehen. Der Abrechnung müssen somit andere Zahlungen zugrunde gelegt werden. Die vorliegende Bestimmung stellt nun klar, dass in diesem Fall die Abrechnung auf der Basis der letzten Kostenermittlung zu erfolgen hat.

14 Die hier getroffene Lösung entspricht inhaltlich derjenigen, welche die LHO beim Kostentarif für nicht ausgeführte Projekte vorsehen (Art. 8.5 LHO 102, Art. 7.3.4 LHO 103 und Art. 7.3.6 LHO 108).

15 Es liegt in der Natur der Sache, dass das so berechnete Honorar mehr oder weniger von demjenigen abweichen kann, welches sich beim üblichen Vorgehen ergeben würde. Haben die Parteien dieses Vorgehen aber so vereinbart oder in gegenseitigem Einverständnis so praktiziert, so kann keine der beiden Parteien auf die definitiven Zwischenabrechnungen zurückkommen.

16 Die Vermutung spricht jedoch nicht dafür, dass die Parteien Zwischenabrechnungen in diesem definitiven Sinn einräumen möchten. Fehlt es am klaren Nachweis einer Vereinbarung im Sinne dieser LHO-Bestimmung, so bleibt die Möglichkeit einer definitiven Schlussabrechnung offen.

C. Zu Artikel 1.13.3

17 Ohne diese Vorschrift könnte der Architekt oder Ingenieur sein Honorar erst nach Vollendung des gesamten Auftrages verlangen. Diese Bestimmung hat somit eine wesentliche materielle Bedeutung. Sie entspricht den im Baugewerbe üblichen Usanzen.

133

18 Die LHO spricht von Akontozahlungen von mindestens 90 % der erbrachten Leistungen. Ihrem Wortlaut nach schliesst sie somit nicht aus, dass die Akontozahlungen mehr als 90 % des bereits verdienten Honorars, allenfalls gar 100 % davon ausmachen können. Da aber Akontozahlungen von mehr als 90 % absolut unüblich sind, muss trotz dieses offenen Wortlauts davon ausgegangen werden, dass grundsätzlich nur Abschlagszahlungen von maximal 90 % verlangt werden dürfen.

19 Wollen die Parteien höhere Akontozahlungen vereinbaren, so haben sie dies in ihrem Vertrag deutlich zum Ausdruck zu bringen. Im Zweifelsfall sind Akontozahlungsbegehren von mehr als 90 % der erbrachten Leistungen als unzulässig zu betrachten.

20 Bis zum Zeitpunkt, in welchem der Architekt oder Ingenieur die Schlussabrechnung machen darf, überlässt diese Bestimmung dem Bauherrn also einen Barrückbehalt von 10 % der geleisteten Arbeit.

21 Diese Bestimmung wäre an sich unproblematisch, wenn die LHO klar und deutlich sagen würde, dass bei einem Gesamtauftrag das gesamte Honorar zur Zahlung fällig würde, bevor auch die Teilleistung «Leitung der Garantiearbeiten» (Art. 4.5.3 LHO 102, Art. 4.1.10 LHO 103 und Art. 4.5.3 LHO 108) erbracht sei. Die LHO enthält jedoch keine derartige Fälligkeitsbestimmung, welche in bezug auf die Anordnungen und Überwachung der Garantiearbeiten eine Honorarvorleistungspflicht des Bauherrn statuieren würde.

22 Dies hat nun bei konsequenter Anwendung folgende Wirkung: Der Gesamtauftrag ist – sofern die Garantieüberwachung und Anordnung dazugehört – erst nach Abschluss dieser Teilleistung vollendet. Im Regelfall ist dies zwei Jahre nach der Abnahme des Bauwerks der Fall. Erst dann kann der Architekt oder Ingenieur die Schlussabrechnung über sein Honorar im Sinne von Art. 1.13.1 stellen. Bis zu diesem Zeitpunkt muss er sich mit den Akontozahlungen gemäss der vorliegenden LHO-Bestimmung begnügen. Dies heisst aber, dass der Architekt bei der eigentlichen Bauvollendung erst Akontozahlungen von 89,1 % des Gesamthonorars (100 % abzüglich 1 % für «Leitung der Garantiearbeiten» und davon 90 %) verlangen kann. Die restlichen 10,9 % kann er erst nach Ablauf dieser Frist verlangen.

23   Es ist offensichtlich, dass diese Lösung nicht der Meinung und dem
     Willen der LHO-Verfasser entspricht. Da es sich bei den LHO aber
     nur um vorformulierte Vertragsbedingungen handelt, welche so aus-
     zulegen sind, wie sie vom Vertragspartner vernünftigerweise verstan-
     den werden dürfen und müssen, scheint kaum ein Weg an dieser
     Interpretation vorbeizuführen.

24   Will der Architekt oder Ingenieur diese Konsequenz sicher vermei-
     den, so muss er im konkreten Vertragsformular klar und deutlich
     festhalten, dass das Gesamthonorar spätestens bei der Ablieferung
     des Gesamtbauwerks (z. B. nach Abschluss der Ausführungsphase
     von Art. 4.4 LHO 102) zur Zahlung fällig werde, und dass die noch
     ausstehende «Leitung der Garantiearbeiten» keinen Garantierückbe-
     halt begründen könne.

D. Zu Artikel 1.13.4

25   Immerhin schliesst die LHO ihrem Wortlaut nach nicht aus, dass we-
     nigstens in diesem Fall Akontozahlungen von 100 % der geleisteten
     Arbeit, also von 99 % des Gesamthonorars verlangt werden können.
     Dies würde der Baupraxis wohl gerechter als eine theoretisch-konse-
     quente Interpretation nach dem verunglückten Wortlaut der Bestim-
     mung.

26   Sofern die Parteien eine Vorauszahlung oder eine Sicherstellung des
     Honorars vertraglich vereinbaren wollen, ist dies jederzeit möglich.
     Soweit diese LHO-Bestimmung lediglich diese Selbstverständlichkeit
     wiedergibt, hat sie bloss deklaratorische Bedeutung.

27   Für sich allein vermag sie aber keine weitergehenden Pflichten zu be-
     gründen. Insbesondere stellt sie keine genügende Rechtsgrundlage
     dar, aufgrund welcher der Architekt oder Ingenieur vom Bauherrn
     eine Vorauszahlung oder Sicherstellung des Honorars verlangen
     könnte. Derartige Pflichten sind im Baugewerbe nicht üblich. Wollte
     man dieser LHO-Bestimmung eine solche Bedeutung zumessen, so
     würde sie in den meisten Fällen an der Ungewöhnlichkeitsregel
     scheitern.

28   Sollen also Vorauszahlungen oder Honorarsicherstellungen gefordert
     werden können, muss dies im konkreten Vertrag ausdrücklich ver-
     einbart werden.

1.14   Widerruf und Kündigung

.1 Soweit das Vertragsverhältnis dem Auftragsrecht untersteht, kann es von jeder Vertragspartei jederzeit widerrufen oder gekündigt werden.

.2 Widerruft der Auftraggeber den Auftrag, hat er dem Architekten das Honorar für die bis zum Widerruf vertragsgemäss erbrachten Leistungen zu bezahlen und ihm auch alle bis dahin entstandenen, nachweisbaren Nebenkosten zu ersetzen.

.3 Erfolgt der Widerruf zur Unzeit und trifft den Architekten am Widerruf kein Verschulden, ist er berechtigt, nebst seinem Honorar für die vertragsgemäss geleistete Arbeit einen Zuschlag zu fordern.
Der Zuschlag beträgt 10 % des Honorars für den entzogenen Auftragsteil oder mehr, wenn der nachgewiesene Schaden grösser ist.

.4 Kündigt der Architekt das Auftragsverhältnis, hat ihm der Auftraggeber das Honorar für die bis zu diesem Zeitpunkt vertragsgemäss erbrachten Leistungen zu vergüten und ihm auch nachgewiesene Nebenkosten zu ersetzen. Erfolgt die Kündigung zur Unzeit, hat der Auftraggeber Anspruch auf Ersatz nachgewiesenen Schadens.

Révocation et répudiation du mandat

.1 Dans la mesure où les parties sont soumises aux règles du mandat, celui-ci peut être révoqué ou répudié en tout temps.

Revoca e recessione

.1 Per quanto il rapporto contrattuale sia sottoposto al diritto di mandato, ciascuna delle parti ha in ogni momento la facoltà di revoca rispettivamente di recessione.

1.14 .2 Si le mandant révoque le contrat, il est tenu de payer les honoraires correspondant aux prestations accomplies selon le contrat jusqu'à la date de la révocation, ainsi que tous les frais que l'architecte a dû engager et qu'il peut prouver.

.3 Si la révocation a lieu en temps inopportun et si l'architecte n'a commis aucune faute, il a droit en outre à une indemnité égale à 10 % des honoraires correspondant aux prestations non accomplies, ou davantage lorsque le préjudice prouvé dépasse ce pourcentage.

.4 Si l'architecte répudie le contrat, le mandant lui doit les honoraires correspondant aux prestations accomplies selon le contrat jusqu'à la date de la répudiation, ainsi que le remboursement des frais pouvant être prouvés. Si cette répudiation intervient en temps inopportun, le mandant à droit à une indemnité correspondant au préjudice qu'il est en mesure de prouver.

.2 Se il committente revoca il mandato, è tenuto a corrispondere all'architetto l'onorario per le prestazioni fornite fino al momento della revoca, come pure tutte le spese sostenute e documentate.

.3 Nel caso di revoca a tempo indebito e senza alcuna colpa imputabile all'architetto, questi è autorizzato ad esigere un supplemento oltre all'onorario dovuto per il lavoro svolto secondo contratto.
Il supplemento ammonta al 10 % dell'onorario per le prestazioni contrattuali revocate, o più se il danno documentato è superiore.

.4 Se l'architetto recede dal mandato, il committente deve corrispondergli l'onorario per le prestazioni fornite contrattualmente fino alla data della recessione e risarcire le spese documentate. Se la recessione avviene a tempo indebito, il committente ha diritto al risarcimento dei danni comprovati.

A. Zu Artikel 1.14.1

1 Die LHO lässt hier bewusst offen, unter welchen Vertragstyp das Architekten- und Ingenieurverhältnis einzureihen ist. Sie trägt damit der Unsicherheit Rechnung, welche die in den letzten Jahren schwankende Bundesgerichtspraxis geschaffen hat (vgl. N. 8 f. zu Art. 1.1 LHO).

137

2 Der Zeitraum, in welchem die neuen LHO erarbeitet wurden, war grundsätzlich durch die Praxis von BGE 98 II 305 geprägt, welche das Architekten- und Ingenieurverhältnis ganz dem Auftragsrecht unterstellte. In der Endphase der Revisionsarbeiten war aber dem Grundsatz nach bereits die neue Praxis von BGE 109 II 462 bekannt, welche in BGE 109 II 34 vorbereitet worden war: Darnach werden diese Vertragsverhältnisse wieder – wie früher – unterschiedlich bald dem Werkvertrags- und bald dem Auftragsrecht unterstellt, wobei allerdings die Zuordnung zum Auftragsrecht nach wie vor im Vordergrund steht.

3 Wir haben im allgemeinen Teil (vgl. vorne 1/A/b) dargetan, dass der Architekten- oder Ingenieurvertrag seiner Natur nach zur Kategorie der Aufträge gehört.

4 Die LHO neigt dieser Auffassung ebenfalls zu. Dies spielt jedoch keine Rolle, weil es nach der herrschenden Rechtsauffassung nicht Sache der Vertragsparteien sein kann, den massgeblichen Vertragstyp zu wählen.

5 Gemäss dem Wortlaut und dem Sinn gilt die ganze Bestimmung von Art. 1.14 LHO nur dann, wenn auf das Architekten- oder Ingenieurverhältnis Auftragsrecht anwendbar ist. Diese Beschränkung bezieht sich nicht etwa nur auf Art. 1.14.1 LHO.

6 Soweit Werkvertragsrecht zur Anwendung kommt, gelten nicht die Bestimmungen von Art. 1.14 LHO, welche mit der Spezialnorm des Auftragsrechts von Art. 404 OR korrespondieren, sondern Art. 377 OR sowie die allgemeinen Auflösungsbestimmungen.

7 Für das Auftragsrecht legt Art. 404 Abs. 1 OR fest, dass jede Vertragspartei den Auftrag jederzeit widerrufen und kündigen könne. Mit den beiden Begriffen «widerrufen» und «kündigen», zu welchen in Art. 404 Abs. 2 OR noch der Begriff «zurücktreten» kommt, meint das Gesetz immer das gleiche, nämlich eine Vertragsauflösung mit Wirkung für die Zukunft (Wirkung ex nunc) (Guhl/Merz/Kummer, Das Schweizerische Obligationenrecht, S. 466). Sachlich wäre es richtig, wenn das Gesetz sagen würde, jeder Vertragspartner könne jederzeit mit sofortiger Wirkung vom Auftrag zurücktreten.

138

8   Die LHO übernimmt diese Gesetzesvorschrift von Art. 404 Abs. 1
    OR vorbehaltlos. Dies fällt vor allem deshalb auf, weil die gesetzliche
    Lösung für moderne kommerzielle Auftragsverhältnisse, wie es der
    Architekten- und Ingenieurvertrag sind, völlig unangemessen, ja ge-
    radezu stossend ist.

9   Die Vorschrift von Art. 404 Abs. 1 OR lässt sich nur historisch erklä-
    ren: Sie stammt aus der – vom römischen Recht beherrschten – Zeit,
    in welcher das Auftragsverhältnis immer und notwendig unentgelt-
    lich war und den Charakter eines Freundschaftsdienstes hatte. Heute
    gibt es diese unentgeltlichen Aufträge zwar immer noch; sie sind aber
    keineswegs mehr verkehrstypisch. Für derartige nicht kommerzielle
    Auftragsverhältnisse war und ist die jederzeitige Widerrufsmöglich-
    keit passend (von Büren, Schweizerisches Obligationenrecht, beson-
    derer Teil, S. 140). Unter diesen besonderen Bedingungen ist es ge-
    rechtfertigt, ausnahmsweise vom Grundsatz abzuweichen, dass ein-
    mal geschlossene Verträge auszuhalten sind (pacta sunt servanda).

10 Demgegenüber ist eine solche Ausnahme bei den kommerziellen
    Aufträgen, welche vom Beauftragten berufs- und gewerbsmässig aus-
    geführt werden, in keiner Weise gerechtfertigt. Es ist nicht einzuse-
    hen, warum das Verdienstinteresse des Beauftragten, der ja weisungs-
    gebunden handeln muss und für seine Handlungen verantwortlich
    ist, in einem solchen Fall der freien Widerrufsmöglichkeit geopfert
    werden sollte. Allein schon die Tatsache, dass diese freie Widerrufs-
    möglichkeit eine von den allgemeinen Vertragsgrundsätzen abwei-
    chende Ausnahme darstellt, zwingt zu ihrer zurückhaltenden An-
    wendung.

11 Die gefestigte Bundesgerichtspraxis (BGE 109 II 467 sowie dort
    zitierte Judikatur) und die heute noch vorherrschende Meinung ge-
    hen nun aber sogar davon aus, dass die in Art. 404 Abs. 1 OR vorge-
    sehene freie Widerrufsmöglichkeit zwingender Natur sei und vertrag-
    lich nicht wegbedungen werden könne (vgl. unten N. 19). Die herr-
    schende Praxis und Lehre geht sogar noch weiter und erklärt, im
    Falle eines solchen Vertragsrücktritts habe der Beauftragte – unter
    Vorbehalt von Art. 404 Abs. 2 OR – auf keinen Fall einen Entschädi-
    gungsanspruch.

139

12 Zur Begründung dieser herrschenden Theorie werden nun zwei Hauptargumente vorgetragen, die jedoch beide nicht stichhaltig sind:

13 Zunächst wird auf das besondere Vertrauensverhältnis zwischen Auftraggeber und Beauftragtem verwiesen. Dass ein derartiges Vertrauensverhältnis besteht und für den Auftrag prägend ist, kann und soll nicht bestritten werden. Dieses Vertrauensverhältnis zwingt jedoch in keiner Weise zum Schluss, auch der kommerzielle Auftrag müsse jederzeit und entschädigungslos widerrufen werden können. Zunächst ist darauf hinzuweisen, dass die Rechtsordnung zahlreiche Vertrags- und Rechtsverhältnisse kennt, die in mindestens gleichem Masse ein gegenseitiges Vertrauen der Parteien voraussetzen, ohne deswegen aber jederzeit frei widerrufbar zu sein. Aus dem Bereich des Obligationenrechts können etwa Miete und Pacht, der Arbeitsvertrag, der Hinterlegungsvertrag und die einfache Gesellschaft erwähnt werden. Bei all diesen Fällen genügt es dem Gesetzgeber, dass das Vertragsverhältnis beim Vorliegen wichtiger Gründe, welche die Fortsetzung objektiv unzumutbar machen, aufgelöst werden kann. Die gleiche Lösung wäre auch für die kommerziellen Auftragsverhältnisse durchaus angemessen. Bezeichnenderweise hat der Gesetzgeber selber in Art. 418 q und 418 r OR für den Agenturvertrag, der einen besonderen Auftragstyp darstellt, eine von Art. 404 OR abweichende Lösung getroffen.

14 Besonderer Erwähnung bedarf die Vorschrift von Art. 377 OR, welche dem Besteller beim Werkvertrag zwar ein jederzeitiges Rücktrittsrecht einräumt, dieses aber mit der Verpflichtung zur vollen Schadloshaltung des Unternehmers verbindet. Dass auch das Werkvertragsverhältnis auf einem grossen Vertrauen beruhen muss, dürfte unbestritten sein. Die schwankende Praxis des Bundesgerichts betreffend die rechtliche Qualifikation des Architekten- und Ingenieurverhältnisses hat es nun aber mit sich gebracht, dass eine und dieselbe Vertragssituation bald nach der Vorschrift nach Art. 377 OR und bald nach derjenigen von Art. 404 OR beurteilt werden muss, obwohl das Vertrauensverhältnis zwischen den Parteien selbstverständlich unabhängig von den begrifflichen Qualifikationen des Vertragsverhältnisses ist. Gerade diese Änderungen der Rechtsprechung machen somit deutlich, dass man die kommerziellen Architekten- und Ingenieurverhältnisse eben nicht einfach starr einer als zwingend angesehenen Norm von Art. 404 Abs. 1 OR unterwerfen kann.

140

15 Die herrschende Auffassung wird zweitens damit begründet, dass
nach Art. 396 OR der Auftrag automatisch die für seine Abwicklung
notwendigen Vollmachten mitenthalte. Nun sei in Art. 34 OR aber
zwingend vorgesehen, dass der Vollmachtgeber eine durch Rechtsgeschäft erteilte Vollmacht jederzeit beschränken oder widerrufen könne. Dementsprechend müsse der Auftraggeber auch den Auftrag entschädigungslos widerrufen können.

16 Diese Argumentation ist falsch. Die klare und eindeutige Bestimmung von Art. 34 OR, wonach eine Vollmacht von Gesetzes wegen
jederzeit beschränkt und widerrufen werden kann, zwingt keineswegs
zu diesem Schluss. Einmal ist darauf hinzuweisen, dass eine solche
Vollmacht auch auf einem andern Vertragsverhältnis (z. B. auf einem
Arbeitsvertrag oder einer einfachen Gesellschaft) beruhen kann, ohne
dass deswegen auf eine freie Widerrufbarkeit dieses Vertrauensver-
hältnisses geschlossen würde. Es ist daher nicht einzusehen, warum
ausgerechnet beim Auftrag dieser Schluss gezogen werden müsste.
Für den Agenturvertrag ist der Gesetzgeber diesen Überlegungen jedenfalls nicht gefolgt.

17 Zum zweiten umfasst ein Auftrag ja häufig nicht nur rechtsgeschäftliches Handeln, wofür eine Vollmacht notwendig ist, sondern auch rei-
ne Tathandlungen, die auch ohne Vollmacht vorgenommen werden
können. Ein allfälliger Vollmachtswiderruf muss daher den Auftrag
nicht zum vornherein und auf jeden Fall inhalts- und sinnlos machen. Vielmehr ist es denkbar, dass der Auftrag als reiner Tathand-
lungsauftrag in einem beschränkten Rahmen fortgeführt wird. Dies
ist gerade auch beim Architekten- und Ingenieurauftrag der Fall, welcher normalerweise nur zum kleinsten Teil rechtsgeschäftliches Handeln beinhaltet.

18 Selbst wenn man aber aus Art. 34 OR auf die Möglichkeit eines
jederzeitigen Auftragswiderrufes schliessen wollte, so würde dies keineswegs zwingend bedeuten, dass dieser Auftragswiderruf entschädigungslos sein müsste.

19 Die Auffassung, wonach die Vorschrift von Art. 404 Abs. 1 OR über
das freie Widerrufsrecht zwingend sei und vertraglich nicht abgeändert werden könne, ist in der Literatur auf Kritik gestossen (vgl. die

in BGE 109 II 467 zitierte Literatur). In diesem neuesten BGE 109 II 467 lässt es das Bundesgericht – unter Berufung auf einen nicht veröffentlichten früheren Bundesgerichtsentscheid von 1957 – ausdrücklich offen, ob die Parteien nicht vertraglich die Anwendung von Art. 377 OR (Rücktrittsmöglichkeit gegen volle Entschädigung) anstelle der freien Widerrufbarkeit von Art. 404 OR vereinbaren könnten. Damit hat das Bundesgericht ein erstes Zeichen gesetzt, dass es zu einer sachgerechten Lösung bereit sein könnte. Der skizzierte Weg – Vereinbarung einer anderen Regelung – wäre nichts anderes als der Abschied von der Theorie, Art. 404 OR sei zwingend. Macht das Bundesgericht aber diesen Schritt – welcher längst fällig ist und sehr zu begrüssen wäre –, so muss natürlich auch die in BGE 109 II 467 noch kritiklos übernommene These fallengelassen werden, das Widerrufsrecht von Art. 404 Abs. 1 OR könne nicht durch eine Konventionalstrafe eingeschränkt werden.

20 Dass Art. 404 Abs. 1 OR nicht zwingend sein kann, ergibt sich im übrigen auch aus dem allgemeinen Grundsatz, dass die obligationenrechtlichen Bestimmungen disponibles (abänderbares) Recht sind, wo das Gesetz nicht eine unabänderliche Vorschrift aufstellt (Art. 19 Abs. 2 OR). Sicher wird nun Art. 404 Abs. 1 OR vom Gesetz nicht ausdrücklich als zwingend erklärt. Wie bereits dargetan worden ist, muss diese Bestimmung aber auch von ihrer Natur her keinen zwingenden Charakter haben. Ebenso würde eine Beschränkung der freien Widerrufsmöglichkeit weder einen Verstoss gegen die öffentliche Ordnung, noch einen solchen gegen die guten Sitten oder gegen das Recht der Persönlichkeit in sich schliessen (Art. 19 Abs. 2 OR).

21 In Art. 1.14.1 LHO wird nun die bisherige Bundesgerichtspraxis kritiklos vorausgesetzt. Dies ist an sich begreiflich und entsprach der bekannten Rechtsprechung im Zeitpunkt, als die neuen LHO erarbeitet wurden.

22 Ändert nun aber das Bundesgericht seine Praxis – wie dies in BGE 109 II 467 angedeutet worden ist – so wirkt sich diese Vorschrift von Art. 1.14.1 zum Nachteil der Architekten und Ingenieure aus. Für die nach den LHO abgeschlossenen Verträge gilt dann – jedenfalls soweit Auftragsrecht zur Anwendung kommt – die Regelung von Art. 404 Abs. 1 OR auch dann weiter, wenn sie von der Rechtsprechung nicht mehr als zwingend angesehen wird.

23 Demgegenüber hätte es nichts geschadet, wenn die LHO heute schon eine Art. 377 OR entsprechende Vorschrift aufgestellt hätte. Allenfalls hätte eine derartige Regelung die Entwicklung der Bundesgerichtspraxis beschleunigt. Im schlimmsten Fall – wenn das Bundesgericht an der zwingenden Natur von Art. 404 Abs. 1 OR festgehalten hätte – wäre diese LHO-Bestimmung unbeachtlich gewesen und statt ihrer die Vorschrift von Art. 404 Abs. 1 OR angewandt worden, wie dies nun direkt gestützt auf die LHO der Fall ist.

24 Im folgenden ist aber davon auszugehen, dass die nun vorliegende LHO-Fassung auf jeden Fall eine Art. 404 Abs. 1 OR entsprechende Regelung enthält.

25 Demnach kann jede Vertragspartei – also sowohl der Bauherr wie der Architekt oder Ingenieur – jederzeit vom Auftrag zurücktreten. Dieser Vertragsrücktritt hat keine finanziellen Nachteile für den Zurücktretenden zur Folge, sofern der Rücktritt nicht im Sinne von Art. 404 Abs. 2 OR und Art. 1.14.3 LHO zur Unzeit erfolgt (vgl. unten N. 34 ff.).

B. Zu Artikel 1.14.2

26 Der Vertragsrücktritt nach Art. 1.14.1 LHO und Art. 404 Abs. 1 OR wirkt in die Zukunft. Er ändert nichts daran, dass ein Auftrag bestanden hat und bis zum Rücktrittszeitpunkt ausgeführt wurde.

27 Dementsprechend hat der Beauftragte für die bereits erfüllten Vertragsteile Anspruch auf das vereinbarte Honorar sowie auf den Ersatz der Nebenkosten. Dieser Grundsatz ist in den LHO klar wiedergegeben. Er bedarf keiner weiteren Erläuterung.

28 Schwierigkeiten ergeben sich allenfalls bei der Festlegung, welche Leistungen bis zum Vertragsrücktritt vertragsgemäss erbracht worden seien.

29 Mit dem Begriff «vertragsgemäss» wird zunächst natürlich auf eine vertragskonforme Arbeitsleistung im Interesse des Auftraggebers verwiesen, wobei zu beachten ist, dass der Beauftragte nur sorgfältiges

und pflichtgemässes Handeln, nicht aber einen bestimmten Erfolg schuldet (vgl. vorne N. 2 ff. zu Art. 1.4 LHO). Der Anspruch auf das volle Honorar für die erbrachten Teilleistungen besteht selbstverständlich nur soweit, als der Architekt oder Ingenieur seine Pflichten richtig erfüllt hat (vgl. vorne N. 6 ff. zu Art. 1.12 LHO).

30 In zweiter Linie meint der Begriff «vertragsgemäss» aber natürlich diejenigen Arbeiten (Teilleistungen), welche der Architekt oder Ingenieur bis zum Zeitpunkt des Vertragsrücktrittes vernünftigerweise bereits erbringen musste und durfte. Hat der Beauftragte demgegenüber – im Vertrauen auf die Fortsetzung des Auftrages – bereits Vorleistungen gemacht, die vertragsgemäss noch gar nicht geschuldet waren, so kann er für diese Vorleistungen kein Honorar fordern. Beispielsweise kann der Architekt für die Teilleistung provisorische Ausführungspläne (Art. 4.3.1 LHO) grundsätzlich kein Honorar verlangen, wenn diese im Sinne einer eigenmächtigen Vorleistung des Architekten erstellt wurden, bevor eine rechtsgültige Baubewilligung vorlag. Anders liegen die Verhältnisse nur dann, wenn diese vorgezogenen Arbeiten im Einverständnis mit dem Auftraggeber gemacht wurden, um Zeit zu gewinnen.

31 In dieser Hinsicht ist die Abgrenzung gelegentlich heikel. Grundsätzlich ist davon auszugehen, dass eine Teilleistung erst dann vertragsgemäss erbracht werden darf, wenn die in den LHO dafür vorgesehenen Grundlagen vorliegen. Behauptet der Architekt oder Ingenieur, er habe vor dem Vorliegen dieser Grundlagen im Einverständnis und im Interesse des Bauherrn weitergearbeitet, so hat er dieses Einverständnis des Bauherrn nachzuweisen. Für den Architekten oder Ingenieur stellt sich daher in diesem Punkt das Beweisproblem.

32 Ist der Kostentarif anwendbar, muss das Honorar aufgrund der letzten Kostenermittlung berechnet werden, wobei die nicht honorarberechtigten Beträge zu schätzen und in Abzug zu bringen sind. Es gelten die Grundsätze der Honorierung für nicht ausgeführte Projekte (Art. 8.5 LHO 102).

33 Was den Auslagen- und Verwendungsersatz betrifft, sollten sich keine besonderen Probleme ergeben.

C. Zu Artikel 1.14.3

34 Wie die LHO in Art. 1.14.1 der Vorschrift von Art. 404 Abs. 1 OR und gleichzeitig der herrschenden Auslegung dieser Bestimmung folgt (vgl. oben N. 1 ff.), folgt sie hier der Vorschrift von Art. 404 Abs. 2 OR. Darnach hat der Architekt oder Ingenieur Anspruch auf Schadenersatz, wenn der Widerruf zur *Unzeit* erfolgt ist.

35 Die LHO sagt nicht, wann ein Widerruf unzeitig sei. Soll die mit Art. 404 Abs. 1 OR korrespondierende Regelung von Art. 1.14.1 LHO nicht ausgehöhlt werden, so darf diese Unzeitigkeit nicht leichthin angenommen werden. Darf der Auftrag jederzeit entschädigungslos widerrufen werden, so kann der Umstand, dass der Widerruf Nachteile und Schäden hervorruft, für sich allein die Unzeitigkeit noch nicht begründen. Vielmehr muss der Widerruf des Auftrages zeitlich besonders deplaziert und deswegen stossend sein. Nimmt man diese Voraussetzung ernst, so kann wohl nur in den seltensten Fällen von einem Widerruf zur Unzeit gesprochen werden.

36 Diese Auffassung steht allerdings im Widerspruch zur heute herrschenden Gerichtspraxis, welche das Element der Unzeitigkeit im Sinne von Art. 404 Abs. 2 OR sehr rasch bejaht. Offensichtlich versuchen die Gerichte so indirekt die fast unhaltbaren Konsequenzen zu korrigieren, welche sich aus der Auslegung von Art. 404 Abs. 1 OR als zwingende Norm für kommerzielle Vertragsverhältnisse ergeben. In BGE 109 II 469 wurde z. B. die Unzeitigkeit des Widerrufs allein mit der Tatsache begründet, ein Architekt müsse seine Arbeit im voraus planen und organisieren.

37 Auch wenn man diese grosszügige Auslegung den Architekten und Ingenieuren gönnen mag, wäre es doch besser, wenn man endlich von der Theorie Abschied nähme, das freie Rücktrittsrecht nach Art. 404 Abs. 1 OR sei zwingender Natur.

38 Auch wenn der Widerruf zur Unzeit erfolgt ist, hat der Architekt oder Ingenieur nur dann Anspruch auf Schadenersatz, wenn ihn an der Vertragsauflösung kein Verschulden trifft. Dabei ist der Begriff «Schuldlosigkeit» streng zu interpretieren: Hat der Architekt oder Ingenieur seinem Auftraggeber auch nur geringfügigen Anlass zur

Vertragsauflösung gegeben (z. B. Terminverzögerungen), so entfällt ein Schadenersatz nach Art. 404 Abs. 2 OR 1.14.3 LHO. Die LHO weist auf diese Einschränkung ausdrücklich hin.

39 Die LHO ersetzt den Schadenersatzanspruch nach Art. 404 Abs. 2 OR durch einen Anspruch auf eine Konventionalstrafe von 10 % des Honorars, welches auf den Auftragsteil entfallen wäre, welcher zufolge des Rückzuges nicht mehr zur Ausführung gelangt. Die Konventionalstrafe wird also umso kleiner, je später in der Auftragsabwicklung der Rücktritt erfolgt und je mehr Honorar der Architekt also bis zur Vertragsauflösung bereits ordentlich verdient hat. Diese Lösung ist sachlich richtig. (Sie ist jedenfalls besser als die früher in Art. 8.1 Ordnung SIA 102 enthaltene Regelung, welche die Konventionalstrafe umso höher ausfallen liess, je später der Rücktritt erfolgte.)

40 Nach der neuesten Bundesgerichtspraxis (BGE 109 II 468) besteht nun kein Zweifel mehr daran, dass die in Art. 1.14.3 LHO vorgesehene Pauschalsumme von 10 % ihrer Rechtsnatur nach eine Konventionalstrafe nach Art. 160 ff. OR ist. Die früher vom Bundesgericht vertretene These, es liege ja ein pauschalierter Schadenersatz vor, ist in diesem Präjudiz ausdrücklich aufgegeben worden.

41 Diese Konventionalstrafe von 10 % des entzogenen Honoraranteils ist somit unabhängig davon geschuldet, ob dem Architekten oder Ingenieur tatsächlich ein Schaden erwachsen ist oder nicht. Ein Schadensnachweis ist nicht notwendig. Der Bauherr hat, sofern die Voraussetzungen erfüllt sind, keine Möglichkeit, der Zahlung zu entgehen.

42 Will dagegen der Architekt oder Ingenieur einen höheren Schaden geltend machen, so gilt Art. 161 Abs. 2 OR. Er muss nicht nur nachweisen, dass der Schaden höher ist, sondern er muss auch – was einer Umkehr der Beweislast gleichkommt – ein Verschulden seines Vertragspartners nachweisen. Damit wird das Geltendmachen eines höheren Schadens ausserordentlich erschwert.

43 Auf diese Umkehr der Beweislast weist die vorliegende LHO-Bestimmung nicht hin.

146

D. Zu Artikel 1.14.4

44 Solange das Auftragsverhältnis frei widerrufbar ist, kann auch der Architekt oder Ingenieur jederzeit entschädigungslos vom Vertrag zurücktreten.

45 Auch in diesem Fall hat der Bauherr dem Beauftragten das Honorar für die vertragsgemässen Leistungen bis zum Vertragsrücktritt zu bezahlen und die damit zusammenhängenden Nebenkosten zu ersetzen. Es kann auf das oben Gesagte verwiesen werden.

46 Selbstverständlich kann auch der Rücktritt des Architekten oder Ingenieurs unzeitig sein. In diesem Fall hat der Bauherr Anspruch auf einen Schadenersatz. Die LHO hat diesen allerdings weder pauschaliert noch mit einer Konventionalstrafe abgesichert.

1.15 Arbeitsunterbruch

.1 Bei nicht vorausgesehenem und nicht vom Architekten
verursachtem länger dauerndem Unterbruch oder erheblicher Verzögerung der Auftragserledigung hat der
Architekt Anspruch auf Ersatz des ihm erwachsenen
Schadens, falls der Auftraggeber die Verzögerung zu
vertreten hat.

.2 Bedingt die Verzögerung bei Wiederaufnahme der Arbeiten eine Überarbeitung bestehender Grundlagen, sind
diese zusätzlichen Leistungen gesondert zu honorieren.

Interruption des travaux

.1 Dans le cas où, sans qu'il y ait
faute de l'architecte, les travaux
sont interrompus de façon impré-
visible et prolongée, ou subis-
sent un retard important, l'architecte a droit à une indemnité
pour le préjudice qu'il subit, dans
la mesure ou le mandant est responsable du retard.

.2 S'il est nécessaire, à la reprise
des travaux, de remettre à jour
les documents existants, les
prestations supplémentaires en
résultant seront rémunérées
séparément.

Interruzione dei lavori

.1 Se per cause impreviste l'adempimento del mandato viene inter-
rotto per lungo tempo o ritardato
notevolmente, senza colpa su-
bito a condizione che la responsabilità sia imputabile al committente.

.2 Se alla ripresa dei lavori questi
ritardi richiedono la rielaborazio-
ne di documenti esistenti, le rela-
tive prestazioni supplementari
vanno rimunerate a parte.

A. Zu Artikel 1.15.1

1 Diese LHO-Bestimmung ist auf dem Hintergrund der vorangehenden Vorschrift von Art. 1.14 LHO zu würdigen.

2 Geht man von der zwingenden Natur des Art. 404 Abs. 1 OR aus, wie die LHO es tut (vgl. N. 7 ff. zu Art. 1.14), so müsste es erst recht zulässig sein, die Auftragsabwicklung entschädigungslos zu unterbrechen. Ein solcher Unterbruch würde die kommerziellen Interessen des Architekten oder Ingenieurs an der Auftragsentwicklung weniger stark einschränken als eine entschädigungslose Vertragsauflösung.

3 Zudem könnte eine Vorschrift, welche zwar für den Auftragsunterbruch, nicht aber für den Auftragswiderruf eine Entschädigung vorsieht, leicht umgangen werden. Statt den Auftrag zu unterbrechen, könnte der Bauherr ihn widerrufen, um dann später dem Architekten einen neuen Auftrag für die Fortsetzung der Arbeit zu erteilen.

4 Auf dem Hintergrund von Art. 1.14 LHO erscheint die Vorschrift von Art. 1.15.1 LHO als ungerecht.

5 Ist Art. 404 Abs. 1 OR aber nicht zwingend, wie das hier begründet wurde (vgl. N. 11 ff. zu Art. 1.14), so ist die Regelung von Art. 1.15.1 LHO grundsätzlich zulässig.

6 Praktisch beraubt die LHO aber – wie bereits erwähnt – die vorliegende Regelung ihrer Wirksamkeit, weil sie mit einem Auftragswiderruf nach Art. 1.14.1 LHO umgangen werden kann.

7 Gemäss Art. 1.15.1 LHO besteht ein Schadenersatzanspruch nur dann, wenn der Unterbruch nicht voraussehbar war. Es ist Sache des Architekten oder Ingenieurs zu beweisen, dass diese Bedingung erfüllt sei. Massgebend ist der Zeitpunkt der Auftragserteilung.

8 Dieser Nachweis ist nicht leicht zu führen. Bekanntlich muss bei jedem Bauvorhaben mit gewissen Verzögerungen gerechnet werden. Voraussehbar sind z. B. Verzögerungen im Baubewilligungsverfahren und – bei öffentlich-rechtlichen Bauherren – Verzögerungen bei der

Kreditbewilligung. Ferner gelten alle Verzögerungen und Unterbrechungen als voraussehbar, mit welchen die Parteien vor Abschluss des Vertrages tatsächlich gerechnet haben.

9   Ob ein Unterbruch oder eine Verzögerung bei Vertragsabschluss voraussehbar gewesen sei oder nicht, ist anhand der konkreten Umstände nach Treu und Glauben zu entscheiden. Es kommt somit darauf an, ob ein vernünftiger und gewissenhafter Vertragspartner bei Vertragsabschluss mit diesem Unterbruch oder dieser Verzögerung rechnen musste oder nicht. Nicht ausschlaggebend sind die inneren, für den Vertragspartner nicht erkennbaren Motive einer Partei.

10 Allein schon dieses Kriterium des «unvorhergesehenen» schränkt die Anwendung von Art. 1.15.1 LHO ganz massiv ein.

11 Weiter wird der Anwendungsbereich dieser LHO-Bestimmung dadurch eingeschränkt, dass alle Unterbrechungen und Verzögerungen wegfallen, welche vom Architekten verursacht worden sind. In diesen Fällen hat nicht der Architekt, sondern grundsätzlich der Bauherr einen Schadenersatzanspruch. Von diesem Anspruch des Bauherrn spricht Art. 1.15.1 LHO aber nicht. Es gelten die allgemeinen Grundsätze der Verantwortlichkeit des Architekten oder Ingenieurs (vgl. Art. 1.6 LHO).

12 Noch weiter wird der Anwendungsbereich eingeschränkt, weil nur eine längere Unterbrechung oder eine erhebliche Verzögerung Anspruch auf diesen Schadenersatz geben sollen. Damit fallen alle witterungsbedingten Verzögerungen weg. Die Vorschrift von Art. 1.15.1 LHO kommt somit nur zum Tragen, wenn sich die Abwicklung des Auftrages aussergewöhnlich in die Länge zieht. Wann dies genau der Fall ist, muss nach Treu und Glauben entschieden werden.

13 Schliesslich verlangt die Bestimmung von Art. 1.15.1 LHO ausdrücklich, dass die Verzögerung vom Bauherrn zu vertreten sei. Damit fällt der Schadenersatz in all denjenigen Fällen weg, in welchen die Verzögerung oder der Unterbruch aus objektiven, von aussen kommenden Gründen eingetreten ist. Es entfallen damit praktisch alle von Behörden verfügten Unterbrechungen oder Verzögerungen.

14 Der Anwendungsbereich von Art. 1.15.1 LHO ist somit ausserordentlich eng. Praktisch hat diese Bestimmung keine grosse Bedeutung.

15 Sind alle diese einschränkenden Bedingungen erfüllt, so hat der Architekt oder Ingenieur nur Anspruch auf den Schaden, welcher nachgewiesenermassen durch diesen Unterbruch oder durch diese Verzögerung eingetreten ist. Die Beweislast liegt beim Architekten oder Ingenieur. Er hat somit seinen Schaden im Detail zu begründen und zu beziffern. Zudem muss er den rechtsgenüglichen Kausalzusammenhang zwischen dem Unterbruch oder der Verzögerung einerseits und dem Schadenseintritt andererseits nachweisen.

B. Zu Artikel 1.15.2

16 Diese Bestimmung gilt ebenfalls nur für unvorhergesehene, länger dauernde Unterbrechungen oder erhebliche Verzögerungen. Dies fällt besonders auf, weil eine Überarbeitung der bestehenden Grundlagen ja auch nach einer vorhergesehenen Unterbrechung notwendig werden kann.

17 Da die Überarbeitung eine zusätzliche, bei Vertragsabschluss nicht vorhergesehene Arbeit darstellt, ist die hier enthaltene Regelung selbstverständlich.

18 Über die Honorierung dieser Zusatzarbeiten haben sich die Parteien zu verständigen. Tun sie dies nicht, so wird der Zeittarif zur Anwendung kommen.

151

1.16   Auslegung der Ordnung

Meinungsverschiedenheiten über Leistungsumfang und Honorare können der Kommission des SIA für die Honorare der Architekten zur Begutachtung unterbreitet werden.

Interprétation du règlement

En cas de divergence d'opinion sur l'étendue des prestations ou sur le montant des honoraires, un avis d'experts peut être demandé à la commission SIA pour les honoraires des architectes.

Interpretazione del regolamento

Divergenze sull'estensione, sulle prestazioni e sugli onorari possono essere sottoposte per una perizia alla commissione SIA per gli onorari degli architetti.

Zu Artikel 1.16

1 Diese Bestimmung hat nur hinweisende (deklaratorische) Bedeutung.

2 Insbesondere kommt dieser Bestimmung nicht etwa die Bedeutung einer Schiedsklausel zu. Sie will diesen Charakter offensichtlich nicht haben. Dies folgt allein schon aus Art. 1.17 LHO. Sie würde aber auch den formellen Anforderungen an eine Schiedsklausel nicht genügen.

3 Mit ihrem hinweisenden Charakter bringt diese LHO-Bestimmung lediglich eine Selbstverständlichkeit zum Ausdruck. Ihre Bedeutung liegt einzig und allein darin, die Nicht-SIA-Mitglieder auf die Existenz dieser Honorarkommissionen aufmerksam zu machen.

4 Die vorliegende LHO-Norm zwingt die Parteien somit in keiner Weise, allfällige Meinungsverschiedenheiten tatsächlich der Honorarkommission zu unterbreiten. Dieser Schritt ist freiwillig. Wer die Honorarkommission anruft, hat die entsprechenden Kosten selber zu tragen. Er hat grundsätzlich keine Möglichkeit, diese in einem späteren Verfahren der Gegenpartei zu überwälzen.

5 Selbstverständlich können beide Parteien ausdrücklich vereinbaren, dass sie ein Gutachten der Honorarkommission als Schiedsgutachten akzeptieren und damit in tatsächlicher Hinsicht als bindend betrachten würden. Die vorliegende Bestimmung kann aber nicht im Sinne einer derartigen Vereinbarung interpretiert werden.

6 Wird die Honorarkommission angerufen, so hat sie sich lediglich mit der Angemessenheit des Honorars aufgrund der erbrachten Leistung zu befassen. Rechtsfragen gehören nicht in ihren Kompetenzbereich. Ferner ist die Honorarkommission natürlich an die vertraglichen Abmachungen der Parteien gebunden. Z. B. steht es der Honorarkommission nicht zu, die vertraglich vereinbarte Baukategorie zu kritisieren.

1.17 Gerichte

.1 Zuständig für die Beurteilung von Streitigkeiten unter den Vertragsparteien sind die ordentlichen Gerichte.

.2 Sofern aber schriftlich vereinbart, werden solche Streitigkeiten durch ein Schiedsgericht gemäss SIA-Richtlinien 150 (Richtlinie für das Verfahren vor einem Schiedsgericht) entschieden.

Tribunaux

.1 Les litiges entre les parties contractantes relèvent des tribunaux ordinaires.

.2 Cependant, si les parties en sont convenues par écrit, les litiges seront tranchés par un tribunal arbitral désigné à la directive SIA 150 sur la procédure d'arbitrage.

Tribunali

.1 I tribunali ordinari sono competenti per il giudizio di controversie delle parti contrattuali.

.2 Queste controversie vengono risolte da un tribunale arbitrale secondo la Direttiva SIA 150 (Directive sur la procédure d'arbitrage) se convenuto per iscritto.

A. Zu Artikel 1.17.1

1 Diese LHO-Bestimmung hat keine selbständige Bedeutung. Sie gibt eine absolute Selbstverständlichkeit wieder.

2 Sie ist im Zusammenhang mit Art. 1.17.2 LHO zu lesen.

B. Zu Artikel 1.17.2

3 Diese LHO-Norm hat ebenfalls nur hinweisende (deklaratorische) Bedeutung. Sie macht die Parteien auf die Möglichkeit aufmerksam, im Vertrag eine Schiedsklausel zu vereinbaren, wonach rechtliche Streitigkeiten aus dem Vertragsverhältnis einem Schiedsgericht zur Beurteilung unterbreitet werden müssen.

4 In Anbetracht der strengen Anforderungen, welche an eine Schiedsklausel gestellt werden, wäre es gar nicht möglich gewesen, die Schiedsklausel bereits in die LHO selber einzubauen. Die blosse Globalübernahme dieser allgemeinen Geschäftsbedingungen hätte zur Vereinbarung eines Schiedsgerichts nicht genügt.

5 Wollen die Parteien ein Schiedsgericht vereinbaren, so müssen sie dies in der Vertragsurkunde ausdrücklich und deutlich tun. Es muss klar sein, dass beide Parteien diesen prozessualen Schritt bewusst gemacht haben.

6 Ob die Parteien in einer allfälligen Schiedsklausel das Verfahren nach der Richtlinie SIA 150 oder aber ein anderes Verfahren anwendbar erklären wollen, ist ihnen freigestellt. Auch diesbezüglich ist Art. 1.17.2 LHO nur deklaratorisch.

155

Sachregister

Die Ziffern bezeichnen die Seitenzahlen. Ein «f.» hinter einer Ziffer bedeutet die folgende Seite, «ff.» die folgenden Seiten.